Der Engel neben Dir

Gedichte
zwischen Himmel und Erde

Herausgegeben
und mit einem Nachwort
von
Hans Stempel und Martin Ripkens

Deutscher Taschenbuch Verlag

Von Hans Stempel und Martin Ripkens
sind im Deutschen Taschenbuch Verlag erschienen:
Hyperion am Bahnhof Zoo (12524)
Das Glück ist kein Haustier (24227)
Ach Kerl ich krieg dich nicht aus meinem Kopf (20525)

Originalausgabe
November 2002
2. Auflage Februar 2003
Deutscher Taschenbuch Verlag GmbH & Co. KG,
München
www.dtv.de
© 2002 Deutscher Taschenbuch Verlag, München
Umschlagkonzept: Balk & Brumshagen
Umschlagbild: Stephanie Weischer
unter Verwendung eines Gemäldes von Tizian
Gesetzt aus der Bembo 10/12· (QuarkXPress)
Satz: Fotosatz Reinhard Amann, Aichstetten
Druck und Bindung: Druckerei C. H. Beck,
Nördlingen
Gedruckt auf säurefreiem, chlorfrei gebleichtem Papier
Printed in Germany · ISBN 3-423-20578-4

INHALT

Für Ursula Haeusgen
den Schutzengel
der Lyriker

Prolog

Ist Er heimlich?
Ist Er unheimlich?
Ist Er unheimlich heimlich?
Ist Er zu verstehen?
Hat Er Grenzen?
Ist Er nicht zu verstehen?
Hat Er keine Grenzen?
Ist Er zu verstehen und nicht zu verstehen?
Hat Er Grenzen und ist doch grenzenlos?
Ich kann nicht verstehen
dass Er grenzenlos Verlassenen nicht hilft.
Viele sehnen sich nach ihm.
Viele wünschen dass Er
sie sanft in Besitz nähme.
Viele möchten ihm nahen
können es aber nicht.
Wenn unser Herz von ihm träumt
warum säumt Er?
Warum säumt Er?

HANS ARP

I

ENGEL DER ZUFLUCHT

Wer wüchse nicht gern
               mit einem Engel auf.

SARAH KIRSCH

Mascha Kaléko

AN MEINEN SCHUTZENGEL

Den Namen weiß ich nicht – doch du bist einer
Der Engel aus dem himmlischen Quartett,
Das einstmals, als ich kleiner war und reiner,
Allnächtlich Wache hielt an meinem Bett.

Wie du auch heißt – seit vielen Jahren schon
Hältst du die Schwingen über mich gebreitet
Und hast, der Toren guter Schutzpatron,
Durch Wasser und durch Feuer mich geleitet.

Du halfst dem Taugenichts, als er zu spät
Das Einmaleins der Lebensschule lernte.
Und meine Saat, mit Bangen angesät,
Ging auf und wurde unverhofft zur Ernte.

Seit langem bin ich tief in deiner Schuld.
Verzeih mir noch die eine – letzte – Bitte:
Erstrecke deine himmlische Geduld
Auch auf mein Kind und lenke seine Schritte.

Er ist mein Sohn. Das heißt: er ist gefährdet.
Sei um ihn tags, behüte seinen Schlaf
Und füg es, daß mein liebes schwarzes Schaf
Sich dann und wann ein wenig weiß gebärdet.

Gib du dem kleinen Träumer das Geleit.
Hilf ihm vor Gott und vor der Welt bestehen.
Und bleibt dir dann noch etwa freie Zeit,
Magst du bei mir auch nach dem Rechten sehen.

Aus ›Des Knaben Wunderhorn‹

ABENDGEBET

Abends, wenn ich schlafen geh,
Vierzehn Engel bei mir stehn,
Zwei zu meiner Rechten,
Zwei zu meiner Linken,
Zwei zu meinen Häupten,
Zwei zu meinen Füßen,
Zwei, die mich decken,
Zwei, die mich wecken,
Zwei, die mich weisen
In das himmlische Paradeischen.

Gabriele Wohmann

WIE ES FRÜHER WAR

Abends wenn wir schlafen gehen
Sollten wir sie alle sehen
Alle vierzehn Engel, klar?
Ganz so wie es früher war.
Also fragen wir uns aus
Wie war das bei dir zu Haus
Schildere das Sandbauspiel
Bilderalbum, Federkiel
Und den Schulweg, Angst vor Hunden
Auch wie du den Ring gefunden
Zoobesuch und Kuchenessen
Alles, was wir sonst vergessen …
Bis sie, vierzehn, um uns stehen
Wichtig, Engel anzusehen.

René Schickele

ODE AN DIE ENGEL

Ihr wart das erste, was ich sah
von der großen Welt!
Kunde von den breiten Strömen,
von den tiefen Wäldern
und der Ebene dazwischen,
die mit ihrer Seelenglut,
was war und ist, erhellt.
Dort brannte lichterloh die Liebe
aller Menschen,
die je geliebt,
heller als die Sonne,
länger als Erde und Sterne,
in Ewigkeit.
Dort wart ihr zu Hause, von dort
kamt ihr zu uns.
Eure Hand kannte jede Stelle,
wo ein Herz schlug.
Eure Flügel deckten jedes Leiden.
Eure Stirn leuchtete
von den vielen Geheimnissen der Lebenden,
die ihr geduldig wußtet,
und von der Seligkeit der Toten.
Eine leise Trauer in Euren Augen
machte Euch besonders schön:

das Wissen um die Verdammten.
Ich hab Euch gesehn,
leibhaftig gesehn!
Ihr knietet neben mir im Gebet,

Ihr standet im Zimmer,
wenn ich nachts erwachte.
Ich schickte Euch, meine Freunde beschützen.
Ihr setztet Euch mit übergeschlagenen Beinen,
unendlich ernst, wie eine ältere Schwester,
auf mein Bett und teiltet
meine ersten Liebesnöte.
Wie eine ältere Schwester, ja, aber
Ihr wart zugleich nicht älter als ich
und meine kleinen Freundinnen,
Ihr trugt offenes Haar
und einen kurzen Rock
und gabt mir Eure weichen Hände
zum Kosten: »Soviel du willst!«
Ich legte sie unter mich, an mein Herz,
wie schlief ich ein!

Später wart Ihr überall,
wo Taten vollbracht wurden.

Gewalttaten aller Art,
Taten, die zum Himmel brannten.
Ihr zeigtet Euch einem, prächtig gekleidet
in seinen Entsagungen, die andre nicht kannten.
Ihr wart furchtbar und wart zart.
Ihr wart, wo Menschen die wilden Funken
aus der Erde zogen,
wo Samen über die Furchen flogen,
wo die Schalen von Früchten platzten,
bei schwellenden Traubenstöcken,
an reifen Feldern, die rot und schwer
unter einem nassen Himmel
wie Sauerteig aufgingen –
und in allen Frauenröcken.

Von stählernem Glanz umwittert
taucht Ihr aus den Staubwolken
hinter den Automobilen auf,
man hört Euern Gesang,
der wie hohe Harfentöne
im Luftzug zittert.
Ihr lächelt den Fliegern zu,
die sich neben Euch erheben,
Ihr seid da, wenn sie wiederkommen,

und Euer Mund ist irdisch rot
vor ihnen, die sich das Licht und den Schrecken
der Himmel mit beiden Händen
aus dem Antlitz streichen,
irdisch rot Euer Mund und halbgeöffnet,
und Eure Hüften sind gebogen,
damit sie, noch an ihrem Sitze festgebunden,
gleich aufatmend froh
die Früchte der Erde erkennen.
Ihr seid der Schwung hinauf und hinüber,
seid alles,was stärker ist, als der Tod.

Sarah Kirsch

GLEISARBEITERSCHUTZENGEL

Zwischen Schotter, Schienenstrichen
                              und verengten Lidern
zeigen sich, falls die Wolken mal
                              aufbrechen vorübergehend
und magre Sonne auf Schwellenstapeln flaniert,
ihre festen Schutzengelbeine.

Der vollständige Engel heißt Angela, wen wundert das?
Sie kommt direkt aus dem Himmel (sie nimmt
                              lila Lippenstift,
und sonntags trägt sie eine Schwanenfedermütze).

Das Messinghorn unterm Arm, die Hände
                              in der Dienstwattejacke,
so steht sie hinter uns, vor uns, zwischen uns, um uns,
DAMIT UNS NICHTS ÜBERROLLT.

Ihre Augen, das sind zwei Tauben, die ganze Strecke
überfliegen sie, in sie fällt ein gezogenes Signal.
Die grauen Tauben, die Augen, beginnen zu flattern,
wenn der D-Zug nahkommt, wenn ein
                              Kalizug klappert und stäubt.
Doch erst geht das Horn zum Mund: zwei Töne
                              heben unsere Lider,

machen den Rücken grade, führn uns

                                  zur Seite. Gewohnheitsmäßig

mäßige Flüche sagend, nutzen wir die Zeit und bieten

eine Zigarette, grüne Limonade, Pfefferminz,

DAMIT SIE BEI UNS BLEIBT ALLE TAGE.

Kathrin Schmidt

TAPETENFABRIK

ein engel fliegt durch die tapetenfabrik.
ein baumwollner krieg ist sein hemd
gegen glasfaser, cola und kitsch.
freundlich wird er gegrüßt, wenn er sie überschwebt,
die arbeiter, auf seiner göttlichen posaune reitet
und täglich die fenster putzt,
was keiner sonst tut.
er sieht aus wie engelbrechts längst verstorbene frau,
die ihn noch täglich zur arbeit schickt.
in der pause ißt man aspik, aus dem fisch glotzt.
den ersten haps bekommt der fabrikengel,
der inzwischen ganz sicher seine posaune geputzt hat
und musiziert, zur verschönerung der geräusche.
so bläst er zum kampf um lustgewinn
bei der herstellung von billigtapeten.
so bleiben die leute fröhlich,
als er die nachrichten der bbc verkündet
und die entsprechende offerte von tass.
die tassen scheppern, wenn er am mittag
eine himmlische brühe austeilt und an die toten schweine
erinnert, falls es eisbein gibt.

der fabrikengel ist eine laus
im pelz der planung, die unbekannte variable.
tapetenmeter ergeben weltumspannende rollen.
das weiß der fabrikengel, wenn er zum schichtschluß
einnickt und runterfällt.

Rudolf Otto Wiemer

ES MÜSSEN NICHT MÄNNER MIT FLÜGELN SEIN

Es müssen nicht Männer mit Flügeln sein,
die Engel.
Sie gehn leise, sie müssen nicht schrein,
oft sind sie alt und häßlich und klein,
die Engel.
Sie haben kein Schwert, kein weißes Gewand,
die Engel.
Vielleicht ist einer, der gibt dir die Hand,
oder er wohnt neben dir, Wand an Wand,
der Engel.
Den Hungernden hat er Brot gebracht,
der Engel.
Dem Kranken hat er das Bett gemacht,
und er hört, wenn du ihn rufst, in der Nacht,
der Engel.
Er steht im Weg und er sagt: Nein,
der Engel,
groß wie ein Pfahl und hart wie ein Stein –
es müssen nicht Männer mit Flügeln sein,
die Engel.

Jakob Haringer

DER ENGEL

Er geht wohl mir zur Seite,
Wär alles sonst zu schwer!
Man könnt es nie ertragen,
Wenn nicht der Engel wär.
Er blickt aus jedem Sternlein,
Er spricht aus jedem Stein,
Er macht die tausend Wunder –
Und führt mich doch noch heim!
Er hält mein ganzes Leben,
Wenn auch das Auge bricht . . .
Er schläft an meiner Seite – –
Ich aber weiß es nicht.

Francis Jammes

Mein Engel

Mein Engel, der mich schützt, den ich verließ, du,
Um diesen schönen Leib, weiß wie ein Fliedervlies, du,
Ich bin allein heut. Halte meine Hand in deiner Hand.

Mein Engel, der mich schützt, den ich verließ, du,
Als Kraft mir meinen Freudensommer sprossen ließ, du,
Ich bin betrübt heut. Halte meine Hand in deiner Hand.

Mein Engel, der mich schützt, den ich verließ, du,
Als ich verschwendend mit den Füßen Goldherbst
                                    stieß, du,
Ich bin verarmt heut. Halte meine Hand in deiner Hand.

Mein Engel, der mich schützt, den ich verließ, du,
Als ich beim Schnei'n auf Dächer träumte dies und
                                    dies, du,
Ich weiß nicht mehr zu träumen. Halte meine Hand in
                                    deiner Hand.

Else Lasker-Schüler

MEIN BLAUES KLAVIER

Ich habe zu Hause ein blaues Klavier
Und kenne doch keine Note.

Es steht im Dunkel der Kellertür,
Seitdem die Welt verrohte.

Es spielen Sternenhände vier
– Die Mondfrau sang im Boote –
Nun tanzen die Ratten im Geklirr.

Zerbrochen ist die Klaviatür
Ich beweine die blaue Tote.

Ach liebe Engel öffnet mir
– Ich aß vom bitteren Brote –
Mir lebend schon die Himmelstür,
Auch wider dem Verbote.

Ernst Penzoldt

DIR STEHEN ALLE DINGE OFFEN

Dir stehen alle Dinge offen
Und Dein Erklingen
Braucht kein Saitenspiel
Dein Glanz, der mich im Dunklen überfiel
Enthüllte mich. Nackt stand ich und betroffen.
Und überwältigt von so vielem Hoffen
Griff ich nach meiner Träume irrem Ziel
Mit Dir zu ringen, bis ich niederfiel
Von meiner Menschheit bis ins Mark getroffen.
Da warst Du wieder der, der zu mir kam
Zum Ausgestoßenen und Auserwählten
Der Trauer, dem von Gott Gequälten
Und mich in seine Liebe nahm.
In Deiner Liebe ward ich wieder Kind
Wie eine Blüte traumgewiegt im Wind.

Rainer Maria Rilke

Ich liess meinen Engel lange nicht los

Ich ließ meinen Engel lange nicht los
und er verarmte in meinen Armen
und wurde klein, und ich wurde groß:
und auf einmal war ich das Erbarmen
und er eine zitternde Bitte bloß.

Da hab ich ihm seine Himmel gegeben, –
und er ließ mir das Nahe, daraus er entschwand,
er lernte das Schweben, ich lernte das Leben
und wir haben langsam einander erkannt ...

Richard Pietraß

MEIN ENGEL

Mein Engel ist elend.
Und ich steh in Schuld.

Seine Flügel sind lahm.
Ich hab dran gerissen.

Seine Stirn ist kraus.
Ich hab sie gefurcht.

Sein Herz war ein Quell.
Ich hab ihn getrübt.

Nun schleppt er sich
Nach Engelland.

Nun schirmt ihn
Meine schwache Hand.

Arnfrid Astel

GABRIEL

Sehr ungelegen kam mir der Engel.
Er trat ein, ohne anzuklopfen,
duzte mich, als hätten wir
schon Säue miteinander gehütet.
Ich fragte ihn,
mit wem ich denn die Ehre hätte,
aber er umarmte mich wortlos
und weinte bitterlich.

Christine Lavant

O DU BODENLOSER ENGEL

O du bodenloser Engel,
lasse aus den Brunnenschwengel,
andre dürsten auch.
Schau, des Mondes Bauch
ist geschwunden und das scharfe
Frätzlein schielt wie eine Larve
und schluckt gierig mit.
Wohl, du bist vom Ritt
durch den Sandsturm der Gebete
ausgetrocknet und ich trete
dir den Anteil meiner Kehle
gerne ab, nur lass die Seele
von dem Wasser noch am Grunde,
denn des Brunnens letzte Stunde
wär die meine auch.
Was ich dann noch brauch
hast du mir noch nie geboten –
Komm, ich wasche dir die roten
Augenränder mit Kamillen
und den Durst will ich dir stillen
mit dem Absud von Hollunder –
weißt, auf Erden sind die Wunder
oft den Wunden nah.
Hier kann eins das andere laben,
falls wir noch Erbarmen haben –
drum: laß meines da.

Hans Erich Nossack

DER WIDERSACHER

Ich liebe euch, ihr Engel, die ihr tröstet,
Auch wenn ihr nie die Welt davon erlöstet,
Daß sie noch immer trostbedürftig ist.
Ich frag euch nicht, ob es nicht besser wär,
Was lebte, brauchte euren Trost nicht mehr,
Da ihr nur da seid, weil ihr trösten müßt.
Denn diese Frage, die uns unterscheidet,
Ihr lichten Wesen, würde euch verwunden,
Eh einer noch die Antwort drauf gefunden,
Der es sich fragt und trostlos daran leidet.

Sarah Kirsch

ENGEL

Ich sah einen er kam im Taxi der Vordersitz
war flachgelegt so hatte er Platz
man hob ihn heraus vor dem kleinen Fischgeschäft
geleitete ihn in einen geschorenen Garten
da stand er ernst in der Luft überragte
die ihn stützten seine Augen erreichte nichts
die Kleider waren verblaßt Goldreste
überzogen die Brust er war ohne Flügel
seine Führer lehnten ihn an einen Karren
blockierten zuvor die Räder damit er
nicht ins Gleiten käme sich etwa zerschlüge
ich sah seine Hände sie waren leer
hatten wohl vorher den Ölzweig getragen oder
ein Saitenspiel jahrhundertelang
jetzt war er taxiert unterwegs auf Wohnungssuche
erst ins Antiquitätengeschäft was wird aus ihm wer
braucht schon einen Engel der so groß ist
er füllt eine Küche stände
wo besser ein Kühlschrank steht oder der Tisch mit
der Brotschneidemaschine, der Ausweg für ihn
wäre ein Kindergarten wenn der ihn beherbergte
wer wüchse nicht gern mit einem Engel auf

Elisabeth Borchers

ENGEL AUF DEM SCHLOSSALTAR VON T.

Unter allen Goldenen
habe ich dich erwählt
mit dem Füllhorn
dem geschürzten Gewand
überm Knie.
Bindestrich
meiner Hauptwörter.
Ich habe dich erwählt
versehen mit Schloß
und mit Riegel.
Ungeachtet der immer
dunkler werdenden
Betrübnis deiner Augen.

Franz Hodjak

BERICHT ZUR LAGE

1
Die Schutzengel, allmählich,
verlassen uns
– sie haben mit sich selbst genug zu tun.

Die einen, wie aus Langeweile, schleichen sich
auf englische Art
durch den Hinterausgang davon,

die andern, großzügig,
geben schnell noch ein Interview,
um ihr Verschwinden plausibel zu machen.

Was die Schutzengel fortan ohne uns tun werden,
wer kann das wissen.

2
Vielleicht, vielleicht ist auch unter ihnen
ein Machtkampf ausgebrochen um die Hierarchie,

und sie werden uns eines Tags
um Verständnis bitten,
daß sie keine Zeit mehr haben

für unsere Sorgen, Hoffnungen, Alpträume
etcetera.

3
Es gibt sicher auch gefallene Schutzengel.
Ihre Strafe, sich um uns zu kümmern

und Drecksarbeit zu leisten, ist grausam.
Was Wunder, wenn sie, ausgeschlossen von allen

großen Geschäften, uns also hassen
und uns den Tod wünschen.

4
Es gibt, sicher, auch Schutzengel, ewig
auf der Flucht, aus Angst, etwas holt sie ein,

oder ganz nette Schutzengel, etwa
in der mittleren Etage, die dir zeigen, wohin

du den Kamm verlegt hast oder die Kindheit
oder irgendein Wort, das dir nicht einfällt,

oder sehr schmale Schutzengel, die ständig
sich betrinken und liebevoll dich anblinzeln.
Die, gewöhnlich, ermunterst du mit zwei

drei Zigaretten oder einer Fünfmarkmünze,

oder Schutzengel, die auswandern würden, doch
nicht wissen wohin, weil alle Gegenden

übervölkert sind von Schutzengeln.

5
Einen Schutzengel, vielleicht den letzten,
zumindest muß es geben, egal ob gefallen

oder in Gunst oder bloß geduldet, der
die Leere nicht so

vorsichtig ausdrückt, bis selbst
ihr Inhalt verschwindet.

Christine Nöstlinger

ABENDGEBET

Schutzengel, liebster, pausbäckiger,
mir geht's von Tag zu Tag dreckiger!
Bist ohne Herz? Oder taub? Oder blind?
Scher dich doch um mich armes Kind!
Tu endlich was, du stinkfaules Stück!
Bring mir schleunigst mein Glück zurück!

II

ENGEL DES ZORNS

Wer, wenn ich schriee, hörte mich
     denn aus der Engel
Ordnungen? und gesetzt selbst, es nähme
einer mich plötzlich ans Herz:
     ich verginge von seinem
stärkeren Dasein. Denn das Schöne ist nichts
als des Schrecklichen Anfang, den wir
     noch grade ertragen
und wir bewundern es so, weil es
     gelassen verschmäht
uns zu zerstören. Ein jeder Engel
     ist schrecklich.

RAINER MARIA RILKE

Jürgen Theobaldy

Zerzauste Feder

In den milden Tagen des Herbstes
trudeln die Blätter herab,
und Nüsse kollern in den Graben
an der Straße, alles Gute kommt
herunter aus dem hohen Licht,
ein paar Regenwolken kommen
und werden strengstens untersucht,
noch einmal Ferien kommen,
und hie und da
eine zerzauste Feder kommt
von einem traurigen Vogel,
der sich hinaufschwang,
den Alpen entgegen,
wenn nicht von einem Engel,
der zuschlug mit dem Flammenschwert,
weil jeder Engel auch ein Rächer ist
und selbst dieser Job getan sein will.
Die Kartoffelfeuer qualmen,
die Regentropfen zischen,
o Vogelzug, o Donnerwort.

Dagmar Nick

Exodus

Also schlage ich deinen Namen
an die Pfosten der Hoffnung,
daß uns der Racheengel,
den wir heraufbeschworen,
nicht anrühre
mit seinem Flammengefieder.
Kein anderer Tod ist uns näher.
Selbst die Abschiede,
die doch immer ein wenig
Tödliches zubereiten
und die wir noch lebenslang
zu bestehen haben,
werden uns leichter sein
als dieser Aufbruch,
der Augenblick,
da wir, Sphärenversprengte,
einen Himmel betreten,
dessen Gesetze wir
nicht vorauszubestimmen wissen,
der uns bewahren kann oder
zermalmen
zwischen den Speichen der Sterne.

Marie Luise Kaschnitz

VERTREIBUNG

Vogel uns zugeflogen
Blaugefiederter schon

Schaum uns zu Füßen gespült
Perlmutterglänzender schon

Blume uns aufgeblüht
Geflammte Narzisse schon

Streck Deine Hand nicht aus
Über der Pfirsichmauer

Glänzt schon das schrecklich schöne
Engelsschwertlicht.

Monika Cämmerer

SELTSAMER ENGEL

Ich bin nicht, den du dir denkst,
und doch –
als ich zu Abraham kam
mit meinen Gefährten,
sah ich nicht anders aus.

Wozu Flügel, und weiße Kleider wofür?
Auf eisernen Füßen gehen
die Gesänge der Welt.

Frage mich nicht, was das soll,
ich habe kein Patmos für dich,
und eine Zuflucht zu geben,
ist meine Sache nicht.

Aussetzen werde ich dich
auf Bergen, von denen dir nirgend
Hilfe zukommt,
aber an keiner Stelle
wirst du ohne mich sein.

In den Strudeln der rasenden Zeit
will ich uns Nester machen,
darin zu ruhen
einen schwindelnden Augenblick.

Unter die Sterbenden abwärts
will ich dich stoßen
und über dem Schattenzittern einer Liebe
auferstehen lassen.

Ich werde dich nirgendwo schonen,
und dein Herz wird ein Brachfeld sein,
mit Totenvögeln bestückt.

Und dann wieder –
Schmelzwassern folgend
über Vorjahrswiesen, die schon
die Sonne weich macht,
wenn du dich seitwärts schlägst
entlang an Bändern aus Kies
durch stumpfes Ufergebüsch –

will ich den Staub
eben aufbrechender Haselnußsträucher
auf deine Schultern legen.

Hans Magnus Enzensberger

Die Visite

Als ich aufsah von meinem leeren Blatt,
stand der Engel im Zimmer.

Ein ganz gemeiner Engel,
vermutlich unterste Charge.

Sie können sich gar nicht vorstellen,
sagte er, wie entbehrlich Sie sind.

Eine einzige unter fünfzehntausend Schattierungen
der Farbe Blau, sagte er,

fällt mehr ins Gewicht der Welt
als alles, was Sie tun oder lassen,

gar nicht zu reden vom Feldspat
und von der Großen Magellanschen Wolke.

Sogar der gemeine Froschlöffel, unscheinbar wie er ist,
hinterließe eine Lücke, Sie nicht.

Ich sah es an seinen hellen Augen, er hoffte
auf Widerspruch, auf ein langes Ringen.

Ich rührte mich nicht. Ich wartete,
bis er verschwunden war, schweigend.

Zbigniew Herbert

DER SIEBTE ENGEL

Der siebte engel
ist ganz anders
er heißt sogar anders
Schemkel

kein Gabriel
der güldene
eine stütze des throns
und baldachin

kein Raphael
stimmeister der chöre

auch kein
Asrael
planetenführer
geometer der unendlichkeit
vollendeter kenner der theoretischen physik

Schemkel
ist schwarz und nervös
vielmals vorbestraft
für den schmuggel mit sündern

zwischen abgrund
und himmel hallt
sein ständiges gestampfe

er hält nicht auf seine würde
und man läßt ihn in dieser schar
nur mit rücksicht auf die zahl sieben

aber er ist nicht wie die andern
kein feldherr
Michael
ganz in schuppen und federbüschen

kein Asraphael
weltdekorateur
beschützer der üppigen vegetation
mit flügeln die wie zwei eichen rauschen

nicht einmal
Dedrael
apologet und kabbalist

Schemkel Schemkel
– murren die engel
warum bist du so unvollkommen

byzantinische maler
wenn sie die sieben malen
zeigen Schemkel
ähnlich den andern

sie meinen nämlich
sie würden der lästerung schuldig
wenn sie ihn malten
so wie er ist
schwarz nervös
im alten ausgefransten glorienschein

Oda Schaefer

SCHWARZER ENGEL

Schwarzer Engel, schlage
Deinen Fittich zusammen,
Dunkel sind die Tage
Nach den letzten Flammen,

Rauch stockt noch in Lüften,
Ohne aufwärts zu steigen,
Über Grab und Grüften
Liegt geborstnes Schweigen,

Die im Erdenbette
Lächeln kalt noch und gläsern –
Laß die Schädelstätte
Nun den milden Gräsern!

Unter deinen Flügeln
Kann die Saat nicht ergrünen,
Haß hockt auf den Hügeln
Wie auf kahlen Dünen.

Erst bei deinem Schwinden
Blutet nicht mehr die Rose,
Und in warmen Winden
Stirbt die Herbstzeitlose.

Bertolt Brecht

Vision in Weiss, 1. Psalm

Nachts erwache ich schweißgebadet am Husten, der mir den Hals einschnürt. Meine Kammer ist zu eng. Sie ist voll von Erzengeln.

Ich weiß es: ich habe zuviel geliebt. Ich habe zuviel Leiber gefüllt, zuviel orangene Himmel verbraucht. Ich soll ausgerottet werden.

Die weißen Leiber, die weichsten davon, haben meine Wärme gestohlen, sie gingen dick von mir. Jetzt friere ich. Man deckt mich mit vielen Betten zu, ich ersticke.

Ich argwöhne: Man wird mich mit Weihrauch ausräuchern wollen. Meine Kammer ist überschwemmt mit Weihwasser. Sie sagen: ich habe die Weihwassersucht. Das ist dann tödlich.

Meine Geliebten bringen ein bißchen Kalk mit, in den Händen, die ich geküßt habe. Es wird die Rechnung präsentiert über die orangenen Himmel, die Leiber und das Andere. Ich kann nicht bezahlen.

Lieber sterbe ich. – Ich lehne mich zurück. Ich schließe die Augen. Die Erzengel klatschen.

Marie Luise Kaschnitz

Im Sturm

Drei Tage und drei Nächte lang
Die Erde mit dem Sturme rang.

Es wiegten sich am Tag vorher
Die Möwen schreiend überm Meer

Und in der Nacht verschlang den Strand
Die Welle bis zum Dünenrand

Im Schaume trieben Stumpf und Ast
Und weiß Gott welches Schiffes Mast

Am Ufer flohen Strauch und Baum
Vom Sturm gepeitscht zum Waldessaum

Das Licht erlosch, es stand der Hain
Tief schwarz und wild im fahlen Schein

Und über Wald und Düne klang
Des Engels schrecklicher Gesang:

Wo ihr euch bergt, wohin ihr weicht
Ihr Mensch und Kreatur, erreicht

Euch Gottes Hand und Angesicht
So heute wie am Weltgericht . . .

Drei Tage und drei Nächte lang
Die Stimme zu den Menschen drang

Es riß der Wind vom Munde fort
Das Lächeln ihnen und das Wort

Sie setzten sich zur Essenstund
Das Brot war Stein in ihrem Mund

Vorm Fenster trieb der bleiche Sand
Es brach das Glas in ihrer Hand

Das kleinste Wort stieg unbewußt
Rauh wie ein Schrei aus ihrer Brust

Und die zu lieben sich vermeint
Sie flohen sich wie Feind und Feind.

Und wie die Welle zieht und rauscht
Und Schein und Dunkel sich vertauscht

So wechselte in ihrer Brust
Die Todesangst mit Todeslust

Jedoch des Engels Ruf verstand
Zu deuten keiner mehr im Land.

Alfred Gong

TROSTLIED

Still! Der Engel
wird unser Tor verschonen.
Zwischen Sternen und Gras
beten Millionen.

Schlaf. Der Engel wird müd
vom Blut gegen Morgen.
Zwischen Wolken und Gras
bist du geborgen.

Träum. Und vertrau
den Gezeiten, die über dir walten:
Im Kreise Gras–Omega–Gras
bleibst du erhalten.

III

ENGEL DES ABSCHIEDS

Mit beschneiten Schwingen nahst du dich.
Schrie mein Jammer dich herab zur Erden,
dunkler Engel, was verlockst du mich?
Glaubst du, daß wir drüben froher werden?

ERNST PENZOLDT

Walter Bauer

Ein Flügel streifte mich

Ein Flügel streifte mich –
War es der Flügel eines Vogels?
Ein Schatten wehte her –
War es der Schatten alter Liebe?
Ein Frösteln tief in mir –
Und bei so heller Sonne?
Ich habe ihn gesehen,
Ich habe ihn erkannt,
Er sagte nichts, sah mich nur an.
Ich schrie nicht auf vor Angst,
Ich bebte nicht vor Abschied.
Ich preßte meine Füße
Dicht an die liebe Erde,
Ich dachte nur: Wie gut,
Wie gut, noch hier zu sein.

Ricarda Huch

EIN TODESENGEL, GÖTTLICH SANFT UND SCHÖN

Ein Todesengel, göttlich sanft und schön
Trägst du gen Himmel mächtig meine Seele.
Durch alle Nacht hindurch, wie Stürme wehn,
Fühlst du den Weg, den ich allein verfehle.
Wie rücken die Gestirne weit, so weit!
Der Erde fern und fern der Ewigkeit
Nichts fass ich mehr als deines Herzens Schlagen.
Ein Adler ist's, der steigt: einst wird es tagen.

Claire Goll

Wo bist du mein Erzengel?

Wo bist du mein Erzengel?
Wann kommst du
Einen Psalter aus Asbest
Aufs brennende Herz mir zu legen?

Lebend begräbt mich die Nacht
Und jede Viertelstunde
Fahren schwarze Lastwagen
Mehr Nacht herbei

Wo bist du mein Erzengel?
Der Reif des Saturns
Liegt schwer um mein Herz
Mein Mund ist zu klein
Für die zu großen Schreie

Wo schwebst du? Auf welchem Gestirn?
Vielleicht ganz nahe
Und ich hör dich nicht
Weil du auf Blumensohlen gehst
Um die Vögel nicht zu wecken

Else Lasker-Schüler

GEBET

Ich suche allerlanden eine Stadt,
Die einen Engel vor der Pforte hat.
Ich trage seinen großen Flügel
Gebrochen schwer am Schulterblatt
Und in der Stirne seinen Stern als Siegel.

Und wandle immer in die Nacht...
Ich habe Liebe in die Welt gebracht –
Daß blau zu blühen jedes Herz vermag,
Und hab ein Leben müde mich gewacht,
In Gott gehüllt den dunklen Atemschlag.

O Gott, schließ um mich deinen Mantel fest;
Ich weiß, ich bin im Kugelglas der Rest,
Und wenn der letzte Mensch die Welt vergießt,
Du mich nicht wieder aus der Allmacht läßt
Und sich ein neuer Erdball um mich schließt.

Nelly Sachs

CHOR DER WOLKEN

Wir sind voller Seufzer, voller Blicke
Wir sind voller Lachen
Und zuweilen tragen wir eure Gesichter.
Wir sind euch nicht fern.
Wer weiß, wieviel von eurem Blut aufstieg
Und uns färbte?
Wer weiß, wieviel Tränen ihr durch unser Weinen
Vergossen habt? Wieviel Sehnsucht uns formte?
Sterbespieler sind wir
Gewöhnen Euch sanft an den Tod.
Ihr Ungeübten, die in den Nächten nichts lernen.
Viele Engel sind euch gegeben
Aber ihr seht sie nicht.

Ilse Molzahn

DER CHERUB

Abendschatten
breiten sich über den Garten.
Laute verklingen.
Der Tag neigt sein Haupt
und stirbt.
Die jungen Pflanzen falten sich zusammen
wie Kinderhände,
die um Aufschub bitten.
Einzelne Kiefern stehen zerklüftet und blind,
das Knistern ihrer Rinden
verstummte.
Jetzt schläft der Wind
in den fernen Bäumen.
Die zarten Flocken fallen nicht mehr.

Sterben muß schwer sein.
Aber noch schwerer ist es zu leben,
wenn alle drüben sind,
die einmal hier waren.
Nicht hier,
bei ihnen scheint die Sonne,
dort blühen die Blumen.
Die Vögel singen dort
viel schöner als bei uns.

Und die Wasser, Quellen, Meere
jubeln über ihre Vollendung.
DER NEUE TAG IST IHNEN
AUFGEGANGEN
sagte der Cherub.

Unsere Tage sind alt.
Noch älter als wir
sind unsere Tage.
Sie tragen die Schreie der Sterbenden,
die Rufe der Kinder nach ihren Müttern,
die Rufe der Mütter nach ihren Söhnen,
und die Tränen der Heimatlosen.
Still sind die Sterne.
Kein Echo mehr gebiert der Himmel.
Und die Schleppen der Finsternis
gleiten über die verlassenen Seelen
wie der Nachen des Charon.

So sind wir.
Wir können nirgend landen,
nicht an diesem Ufer
und nicht an jenem.
Und so treiben wir in einem Strom,

der uns nur duldet.
Unmögliches zu erbitten,
steht uns nicht zu.
Wir starben lange vor unserem Tod,
und die Erdentage
murmeln um uns wie Wellen,
die nicht mehr wissen,
daß sie uns kennen.
Und doch gab es eine Zeit,
da warfen wir Kränze
in die funkelnden Wasser.

O blinde Nacht,
die wir dich kennen!
Wir gehen in dich ein
und löschen das Licht.
Das dunkle Gebet,
hört ihr es nicht?
Doch unsere Lippen suchen vergeblich
etwas,
das sie einmal berührten.
DEN SAUM SEINES ROCKES
sagte der Cherub.

Ernst Penzoldt

DER ENGEL

Mit beschneiten Schwingen nahst du dich.
Schrie mein Jammer dich herab zur Erden,
dunkler Engel, was verlockst du mich?
Glaubst du, daß wir drüben froher werden?

Ach, ich habe dich schon lang gesehen
hinter einem Baum im Garten
regungslos im Finstern stehen
und auf meine Seele warten.

Willst du, daß ich meine Qual verkürze,
schweigsamer Geselle, wartest du,
daß ich mich in deine Arme stürze?
Und du lächelst, und du nickst mir zu.

Marie Luise Kaschnitz

Was wird sein

Wird kommen meerüber
Ein Engel polypisch
Der schwingt seine weichen Tintenfischarme
Schickt Wüstensand Rotsand
Dir zwischen die Zähne
In deine atmende Lunge
Schröpfköpfe setzt er dir auf das feste Fleisch

Daß es ansteigt zu Hügeln
Vulkanische Landschaft
Mit Hufen zerstampft er
Deine versandeten Augen
Bis hervortritt am Ende
Aus der geschändeten Hülle
Mit Kopf Haaren Schultern und Leib
Bis hinab zu den Füßen erkennbar
Nur ein Rauch nur ein Nebel
Aber hinziehend frei
Über die alten Ufer
Dein unvergängliches Ich.

Peter Huchel

Die Engel

Ein Rauch,
ein Schatten steht auf,
geht durch das Zimmer,
wo eine Greisin,
den Gänseflügel
in schwacher Hand,
den Sims des Ofens fegt.
Ein Feuer brennt.
Gedenke meiner,
flüstert der Staub.

Novembernebel, Regen, Regen
und Katzenschlaf.
Der Himmel schwarz
und schlammig über dem Fluß.
Aus klaffender Leere fließt die Zeit,
fließt über die Flossen
und Kiemen der Fische
und über die eisigen Augen
der Engel,
die niederfahren hinter der dünnen Dämmerung,
mit rußigen Schwingen zu den Töchtern Kains.

Ein Rauch,
ein Schatten steht auf,
geht durch das Zimmer.
Ein Feuer brennt.
Gedenke meiner,
flüstert der Staub.

Friederike Mayröcker

In Schwarz

Der Engel wird mich verlassen.
Er schlägt mir schon Wunden.
Sie brechen auf wie Rosen.
Er hebt die Schwere
des Weltraums von meinen Lidern.
Er entzieht mir
den zärtlichen Frühling.
Er legt mir die schwarzen Hände auf.
Er nimmt sich leise zurück.
Er verlöscht mich.

Paula Ludwig

Viele Engel stehen um mich her

Viele Engel stehen um mich her
doch sie müssen alle weichen
wenn der Gott mit seinem Speer
gibt das dunkle Zeichen

Laß die Nacht noch größer sein
daß ich's nicht kann sehen
wie im fernen Frührotschein
meine Engel von mir gehen . . .

IV

Engel der Zärtlichkeit

Glücklichsein beginnt immer
Ein wenig über der Erde

Karl Krolow

Rafael Alberti

DER GUTE ENGEL III

Dann kam der, den ich liebte,
den ich rief.

Nicht der, der durch die ungeschützten Himmel fegt,
durch die Gestirne ohne Hütten,
die Monde ohne Vaterland,
den Schnee.
Schnee, wie er fällt von einer Hand,
als Name,
Traum,
als Stirne.

Nicht der, der sich ins Haar
den Tod geflochten hat.

Der, den ich liebte.

Ohne die Luft zu ritzen,
ein Blatt zu knicken, noch ein Fenster anzurühren,
kam der, der sich ins Haar
Schweigen geflochten hat.

Der, ohne Gewalt mir anzutun,
ein Ufer von sanftem Lichte in der Brust mir öffnet
und meine Seele schiffbar macht.

Gerd Adloff

Engel der vorüberging

Engel der vorüberging
wie ein lächelnder, beliebiger Fremder
niemand sah sein goldenes Haar
keinen streiften die Flügel
bis auf eine
auch ich sah ihn nicht
nur in ihren Augen
wie ein lächelnder, beliebiger Fremder

Walter Bauer

PLÖTZLICH TRAT SIE AUF MICH ZU

Plötzlich trat sie auf mich zu
Mit einem Lächeln wie mit einem Gruß
Für mich allein. –
So wäre es möglich also, daß jemand auf
                           einen andern wartet
Und ihn findet an irgendeinem Ort der Welt,
Wäre es denn möglich
In dieser Stille, diesem scharfen Licht verlorenen Abends,
Im gleichgültigen Summen der Wagen und
                           Schlurfen der Schritte . . .
Freundin, Geliebte, neues Bruchstück Aphrodites,
Die immer ich suchte –
Oder einfach jemand, der zu mir sagt: Hier bin ich. –
Sie lächelte, gab mir ein kleines Heft,
Langsam ging ich davon, flüchtig den Blick
                           auf den Worten:
GOTT IST DEIN RETTER.
Und hier und da auf der Straße
Lagen die Hefte wie Schneeflocken im Schmutz,
Wie nasser zertretener Schnee.
Ich sah mich um, sah stumm zu ihr zurück,
Zu meinem Engel an der Straßenecke, meiner Freundin,
Die mich nicht erkannt,
Und ließ das Heft fallen, zögernd,
Als sähe jemand mich an.

Karl Krolow

ZIEMLICH VIEL GLÜCK

Ziemlich viel Glück
Gehört dazu,
Daß ein Körper auf der Luft
Zu schweben beginne
Mit Brust, Achsel und Knie,
Und auf dieser Luft
Einem anderen Körper begegne,
Wie er
Unterwegs.

Die Atmosphäre macht
Zwei innige Torsen aus ihnen.
Unbemerkt beschreibt ihr Entzücken
Zärtliche Linien in Baumkronen.
Eine ganze Zeit noch
Ist ihr Flüstern zu vernehmen,
Und wie sie einander
Das schenken,
Was leicht an ihnen ist.

Glücklichsein beginnt immer
Ein wenig über der Erde.

Aber niemand hat es beobachten können.

Else Rüthel

KLEINES LIEBESLIED

Vor vielen tausend Jahren,
als wir noch beide Engel waren,
hab ich dich schon geliebt.
Und daß dein liebes Angesicht
der strenge Gott noch immer nicht
in meine Hände gibt,
macht abertausend Jahr bereit
für meiner Liebe Ewigkeit.

Doris Runge

meine flügel ließ ich dir
du rupftest sie
für unser daunenbett
nun träume ich nachts
vom fliegen

Peter Härtling

FLÜGEL

Damals, entscheide du
wie lange es her ist,
als wir uns rücklings
in den Schnee fallen
ließen, die Arme ausbreiteten
und wie mit Flügeln
schlugen, damals,
als wir Engel im Schnee
ließen: Frühlingsschatten,
der Abdruck unseres Glücks –
wir werden, Liebe,
ich bin sicher, uns
entgegengehen und
die Flügel werden uns
aus den Schultern
wachsen,
leicht und flüchtig
wie Schnee.

Walther Petri

GUT, DASS ES KEINE ENGEL GIBT

In meine linierte Stirn
trägt dein Schweigen sich ein
leicht
bleibend
gazellenscheu
nachts
gut, daß es keine Engel gibt
Angst müßte ich haben
und leise dir sagen
laß dein Lächeln nicht wegfliegen
gib acht, daß der sinkende Tau
nicht deine Flügel beschwert
paß auf, daß du nicht
gegen Schlagbäume fliegst
stürze nicht ab und zerreiß nicht
den Leib an spitzmastiger Landschaft
geh nicht weg
sagte ich
denn im Himmel find ich dich nicht

(Jutta) Julian Schutting

ACH, DU MEIN ENGELSANGESICHT

Ach, du mein Engelsangesicht
komm, du mein letztes Paradies
du Weihnachtsosterinsel
du Lämmerlamm, du Löwenlachen, du blonder
                              Bienenbauch
du Weideland der Seele
du schöner Mund
du Himmelspfote, du Samtkralle, du Seidendorn
du Zuckerbrot, du Honigkuß, du Zimt- und
                              Seidenzunge
du Land, wo Milch und Honig fließen
du Seelenbad, du Wolkenbett
du Tempelschlaf und Genesungsschlummer
du Besänftigung, die von dir ausströmt
du Ritterzelt
du Umhüllung allen Kummers
Tag- und Nachtlicht du
und Lichtung meiner Wege

du Gestrüpp, du Dickicht, du Unwegsamkeit
du Prankenhieb, du gesträubtes Fell, du Stachelkralle
böse Stirnfalte du und kalter Mund
gefrorene Zärtlichkeit du und Kälte, die von dir ausgeht
du Seelenbrand

du Herzübelkeit
du niedergehaltenes Herzerbrechen
du aufziehende Wolken, du Eintrübung du
du ohne meine Schuld sich verdunkelnder See
du Untiefen, du Bodenlosigkeit, du Umklammerung der
Seele
du Würgengelgruß
du Traumtränen du
du Herzstechen und Herzzerbrechen
du Bestie du und Engelsschaf, als Bestie verkleidet

Ernst Penzoldt

DER ENGEL GING

Der Engel ging. Ich trug in meinen Händen
Den stillen Glanz von seinem Angesicht
Und auch die Bücher leuchteten davon.
Im Wehen seiner scheuen Flügel flohn
Die Locken mir und zitterten vor Licht
Und seine Nähe blieb an meinen Wänden.
Im leisen Blättern meines Bilderbuchs
Vernahm ich lang das feine Seidenrauschen
Als seine Locken an die meinen klangen
Und in den Träumen hielt ich ihn umfangen:
Tief in die Falten seines Manteltuchs
Gebettet flog ich durch die Nacht
Von seinem großen, dunklen Kuß so müd gemacht
Daß ich vergaß der Sterne Sang zu lauschen.

Anna Achmatowa

BRUCHSTÜCK

... und da war mir, als würden Flammen
Für mich zu Flügeln ins Morgenrot.
Ich konnte die Farbe nicht ergründen,
Die nun dies seltsame Augenpaar bot.

Und alles bebte ringsum und sang.
Ich sah nicht, ob Freund oder Feind in mich drang,
Ob Sommer war oder Winter ...

Jehuda Amichai

WIR TATEN ES

Wir taten es vorm Spiegel
und im Licht. Wir taten es im Dunkeln
und im Wasser und im hohen Gras.

Wir taten es zu Ehren des Menschen
und zu Ehren des Tieres und Gott zu Ehren.
Doch die wollten über uns nichts wissen,
haben solche schon gesehen.

Wir taten es mit Phantasie und Farben,
mischten rotes Haar mit braunem,
wir taten es mit schweren, herzerfreuenden Etüden.
Wir taten es wie die Räder und die heiligen Tiere
und die Fuhrwerke der Propheten.
Wir taten es, sechs Flügel
und sechs Beine, der Himmel aber
war hart über uns.
Wie die Sommererde unter uns.

Günter Kunert

Gewisse Engel

Gewisse Engel
können gar nicht fliegen.
Das Gewicht ihrer Brüste
hält sie auf Erden fest.
Ihre Leiblichkeit unterliegt
der Anziehungskraft.
Auch ist ihr Gefieder
beschränkt auf wenige Stellen.
Doch wenn sie in die Knie sinken,
sind sie anbetungswürdig
und nach einigen Schwingenschlägen
fast zum Verlieben.

Berthold Viertel

DIE ENTGLEITENDE GELEGENHEIT

Kein Flügel wehte, es ging kein Schritt.
Ich drehte doch mich um.

Ein Liebesengel stumm
Entgleitet und entglitt.

Seine Augen flehn.
Mitleid ist ihr Leid.

Das klagt – um wen?
Schon zu weit.

Mario Wirz

HUNGER

In der schrecklichen Stille
erscheint
nach telefonischer Verabredung
ein käuflicher Engel,
Lichtgestalt für meine Augen,
die an Dunkelheit gewöhnt sind,
ich lasse mich emporheben,
mein Engel füttert mich mit Glanz,
wer sagt, daß das Glitzern in seinen Augen
berechnend ist?
Frage ich nach Gott,
bleibt mein Engel die Antwort schuldig,
an eine Nachricht für mich
kann er sich nicht erinnern,
ich umarme den vergeßlichen Boten
und frage nicht länger,
will auch nicht wissen,
warum mein Engel keine Flügel hat.

Karl Krolow

ICH SCHICKE DEN ENGEL WEG

Ich schicke den Engel weg,
weiblichen oder männlichen Vornamens,
und statt mir eine Zigarette anzuzünden
(sie verbrennt mir die Mundschleimhaut),
überlege ich mir, ob es noch
Besonderes gibt: eine Tasche
voll Rausch, die
stehengelassen wurde aus Versehen,
oder aus Versehen den
schlecht passenden Körper
lüften und dabei mißverstanden werden.
Eine unbefangene Katze
steigt ins leere Bett
und wälzt sich. Die Wollust
ist ein Anblick und schon
im Neuen Testament heikel.
Wir sind beim Untergehn,
die Engel sind weggeschickt.
Die Vornamen wechselten,
und der Körper
schweigt.

Volker von Törne

Anrufung meines Engels

Was ist geschehn? Der Wind schlug um
Der Himmel klirrt von früher Kälte
In Leitartikeln kriecht der Krieg. Schon
Sind die Marschbefehle unterschrieben
Die Hinterhöfe sind umstellt

Ich hör ein Rauschen in der Luft
Was wolln wir tun mit all den Waffen
Die sie auf unser Dach, auf unsre Schultern
Unsre Haut gehäuft? Was braucht
Die Liebe? Nichts. Nur dich und mich

In welche Dunkelheit läßt du dich fallen?
Ich habe Angst um dich und deinen Atem
Um deine Schädelknochen unter dünner Haut
Heb deinen Kopf und laß uns reden
Eh uns ein Stiefel auf die Kehlen tritt

Daß ich nicht schlafen kann, muß nichts
Bedeuten. Und wärs die Stunde, da Raketen
Von fernen Rampen steigen: eh unsre Hände
In die Kälte greifen, laß mich noch einmal
Deinen Atem spüren auf der Haut

Peter Bornhöft

Unsre Menschenkrankheit sag doch Liebe

Unsre Menschenkrankheit sag doch Liebe
unsre glückliche Schuld die uns von selbst
erlöst vom Übel ein einziges Mal war alles
gut ich konnte es glauben wir waren verwünscht
und verwandelt zu vorsintflutlichen Engeln
die irrten lächelnd im Leben umher
das lauerte schon ich konnte es sehen bei dir.

Herta Kräftner

OH, DU VERLORENER ENGEL!

Oh, du verlorener Engel!
Hast du dich mir zulieb mit Haut bedeckt
und mir zulieb mit Haar?
Nun bist du ein Geschmack auf meinem Gaumen:
in allen Speisen schmeck ich dich;
ich bin betrunken von deinem Wein.
Du warst ein Engelleib aus Glas
und hattest ein Gesicht aus Tüll.
Als ich dich angriff, brachst du auf
und fielst herab: In Gras und Sand und Weinlaub.
Und deine Lippen fielen über mich.
Als Zeichen brachtest du den roten Mond
mit dir und zogst ihm nach,
durch Hecken und über windige Wege.
Der sah uns zu, dir und mir,
wie wir den Engel leicht verloren.

Mario Wirz

MEINE ENGEL

Meine Engel brauchen keine Flügel,
um mich zu erstaunen,
keinen Glanz,
der mich erschreckt,
behutsam stellen sie mich auf die Füße,
halten mich,
bei meinen ersten Schritten in das Tageslicht,
meine Engel sind weiblich oder männlich,
sie brauchen keine Harfen,
um mich zu wecken,
keine Vollkommenheit,
die mich verwirrt,
manchmal pfeifen sie keß
oder trällern die neusten Schlager,
sie necken übermütig meine Gespenster,
scherzen mit meinem Schatten,
meine Engel verwandeln mein dunkles Schweigen
in ein Lachen,
füttern mich mit Hoffnung,
ihre Hände trösten den geschundenen Körper,
zähmen seinen Schmerz,
meine Engel verteidigen mich,
halten Wache,
auch in dieser Nacht . . .

V

Engel der Heiterkeit

Poesie ist Leben,
Prosa ist der Tod,
Engelein umschweben
Unser täglich Brot.

FRIEDERIKE KEMPNER

Alfred Brendel

WENN DIE ENGEL KOMMEN

Wenn die Engel kommen
erzählen sie gerne Geschichten
etwas ungereimt freilich
Engel lieben Unsinn
informieren uns über Gott und die Schöpfung
alles frei erfunden
sehen aus wie Paradiesvögel
oder junge Propheten
oder schöne geflügelte Damen
flatterhaft
aber mit dieser Aura nobler Unschuld
selbst wenn sie uns bedrängen
uns mit ihren Flügeln zudecken
den Himmel öffnen
Müttern erscheinen sie als Putten
werden geherzt
und entfleuchen wieder
Auf Denkmälern sitzend
putzen sie sich
wie die Schwalben

Kristian Pech

Bericht über Engel

In den blühenden kirschbäumen
jährlich treffen sich die engel

Sie tanzen stur auf der stelle
und singen die lieder stimmlos

Sie halten den blütenduft für
geruch von unter ihren hemdchen

und bienen für sittenstrolche
Dann machen sich die engel davon

Sie jubeln wenn die kirschbäume
tragen: o wie fruchtbar wir sind

Thomas Rosenlöcher

RETTENDER ENGEL

Er ist der kleinste unter allen Engeln
und selbst sein Singen ist nur wie ein Strich.

Doch im Fach Demut hat er eine Fünf.

Fliegt mit den Bienen emsig auf und nieder,
wenn Glockenläuten streng durch Äste schneit.

Und davon wird sein Kleid kirschblütenweiß.

Und leuchtet vor auf seinem langen Weg
durchs Labyrinth der finsteren Systeme,

die sich, von soviel Anmut rettungslos
verwirrt, entwirrn, und Friede, Friede flüstern.

Peter Paul Althaus

DURCH DIE TRAUMSTADT GEHT EIN ENGEL

Durch die Traumstadt geht ein Engel;
geht mit weißem Hemd und Flügeln,
geht ein Engel durch die Traumstadt
und mit einem Lilienstengel
als Spazierstock geht der Engel
und er bringt hier in der Traumstadt
sein Reservehemd zum Bügeln.

Weiter soll er nichts, der Engel;
nur sein Hemd zum Bügeln tragen
soll der Engel in der Traumstadt;
was es kostet, soll der Engel
sich im Traumstadtkirchensprengel
vom Kaplan, der dies geträumt hat,
geben lassen und soll sagen

einen schönen Gruß von Käthchen,
der Kaplan würd's sie scho kenna:

Katharina von Siena,

Heilige der Wäschermädchen.

Günter Grass

MEIN SCHUTZENGEL

Er schüttet mich aus:
das Kind mit dem Bade.

Ich springe nicht gerne:
wer springt, fällt in Gnade.

Soviel ich auch stemme:
er zinkt die Gewichte.

Will ich mit der Tante:
beschützt er die Nichte.

Zerwerfe ich Scheiben:
er handelt mit Kitt.

Und geh ich verloren:
mein Finder geht mit.

Karl Krolow

Süss

Des Kindes Schutzengel kam aus dem Bildrahmen
direkt auf mich zu. Ich fühlte mich
verworfen und atmete schwer wie
bei besonderer Gelegenheit (Liebesakt, Nachdenken).
Er kam über die Narzissenwiese,
aus einem viktorianischen Gedicht,
kam übers Wasser. Es trug ihn.
Und ich brauchte nicht zu staunen,
war verworfen, wußte es, während er
mit einer Seele im Arm kam,
präraffaelitisch, damit ist
noch nicht alles gesagt. Ich konnte
nicht ausweichen, in Gedanken vorher
hatte ich mehrfach gesündigt und
ihn nicht für wahr genommen.
Fürwahr, er schwebte, hielt diese Seele.
Das Bild blieb zurück. Ein Oetkerpudding-Aroma
war plötzlich um mich, unendlich gut und so süß.
Doch mein Magen kam nicht dazu,
sich zu heben. Ich hob meine Augen
zum Engel und wußte –
jetzt bekommst du Gelegenheit, dich zu ändern.

Ich atmete wirklich wie oben,
empfahl den Augenblick nur noch
Rossettis Andenken, auch diesem deutschen Konzern.

Rainer Brambach

TATSACHE

Der dicke Engel mit dem Schweinsgesicht
(zwölf Kilo in der Hose Arschgewicht)
schwebt hin und her, schwebt her und hin,
und sagt: weil ich ein Engel bin!

Wir hocken da und staunen stumm.
Der Engel schwebt um uns herum.
Wir können nicht vom Schweben leben,
wir müssen dringend einen heben.

Da sagt er leis: weil ich ein Engel bin,
ist euer Wunsch mir ein Gewinn:
verwandt mit dem Johann, dem Täufer,
verstehe ich die Wünsche aller Säufer.

Der dicke Engel mit dem Schweinsgesicht
verlor mit jeder Flasche mehr Gewicht –
Doch dann, wir wollten langsam gehn,
sahn wir den Kellner auf dem Boden stehn.

B. K. Tragelehn

SCHINKENDANK

Tragelehn macht Kunst
Erwirbt keine Gunst
Leer ist der Magen
Seit mehreren Tagen.

Da kaufte Karl Mickel
Für etliche Nickel
Einen Schinkenroll.
Der Magen wurd voll.

Vom Hunger gerettet
In sich gebettet
Den Rollschinken, fett
Lag Tragelehn im Bett

Und schickte zum Himmel
Ohne Gebimmel
Still ein Gebet
Für Mickel. Und seht:

Ein Engel schwebt nieder
Bekränzt Mickels Glieder
Mit Flieder
Und schwindet wieder.

Jürgen Spohn

FLUGSICHERUNG

Ein Engelein
flog unerlaubt
in Tegel ein.
Bei diesem Nebel!
Muß das sein?
Und das
ohne Pilotenschein.

Die Leute
von dem Tower
die sind schon
ganz schön sauer.

Christian Morgenstern

SCHOLASTIKERPROBLEM

Wieviel Engel sitzen können
auf der Spitze einer Nadel –
wolle dem dein Denken gönnen,
Leser sonder Furcht und Tadel!

›Alle!‹ wird's dein Hirn durchblitzen.
›Denn die Engel sind doch Geister!
und ein ob auch noch so feister
Geist bedarf schier nichts zum Sitzen.‹

Ich hingegen stell den Satz auf:
Keiner! – Denn die nie Erspähten
können einzig nehmen Platz auf
geistlichen Lokalitäten.

Paul Scheerbart

Der lachende Engel

Wie war's doch nur?
Im Himmel schwebten
Große blanke Diskusscheiben –
Auf denen drehten sich blutrote Nüsse.
Doch alles schlug ein böser Geist entzwei.
Ein Engel lacht dazu
Und spritzt mit Vitriol.
Jawohl! Jawohl!

Thomas Rosenlöcher

Der künstlerische Engel

Er saß in einem schwarzen Loch und sang.
Bis ihn der Ausdruck höchster Bangigkeit
durch ein System von siebzehn Dissonanzen

zum Thron des Herrgottvaters steigen ließ.

Da hebt ers Antlitz andachtsvoll empor
und fängt erneut zu psalmodieren an,
nach Art von Katzen, die um Liebe bitten.

Apostel greifen stumm nach Ohropax.

Doch Gott, verwundert über Gottes Güte,
holt aus des Sintflutlodenmantels Taschen
für seinen Diener einen sauren Drops.

Der, statt zu lutschen, singt zum Dank von vorn.

Kurt Bartsch

DIE VERKÄUFERIN

mein bleistift zeichnet einen engel,
der salz verkauft, auch saure gurken;
in jede tüte wickelt er ein lächeln ein.

mein bleistift zeichnet eine orgel
aus essigflaschen: darauf spiele ich
dem engel jazz und weihnachtslieder vor.

VI

ENGEL IM VORÜBERWEHN

Man begegnet ihm manchmal flüchtig
im Treppenhaus,
es kann aber auch ein
Luftzug gewesen sein.

CYRUS ATABAY

Yvan Goll

DER ENGEL

Einmal geht der Engel
Auch ganz nah an dir vorbei.
Es ist ein regnerischer Montag
Du fühlst dich älter als die Welt
Die Stiefel schlecht geputzt
Das Herz gänzlich verrostet

Aber deines Schicksals Engel geht vorbei
Dich mit Güte überschwemmend
Und einem rosa Lächeln
Halt ihn fest!
Dreh dich um!
Bevor er nur noch dem Winde gleicht!

Gerd Adloff

ENGEL

So kommt ein Engel manchmal
so kommt der Frühling
und wird Sommer
    fern von mir.
Der Engel noch nah
in der Ferne
    wie Engel so sind
schweben herein
und gehen
in andere Häuser.
Der Neid macht mich bitter
manchmal
obgleich ich weiß:
nah sind sie fern.
Drum sage ich nicht:
komm, sondern:
vergiß mich
    sag ich
nicht.

Günter Bruno Fuchs

DÄMMERUNG

Wer hat im Treppenhaus gerufen,
wer saß am Fensterbrett und blickte stumm?
Mein Traum, das Pony mit den sanften Hufen,
erschrak so sehr und warf den Kopf herum.

Die Zeit befiehlt, im Zimmer wach zu liegen.
Die Nacht ist wieder heimwehkrank.
Sie spricht zu mir: Die Fledermäuse fliegen
und stürzen manchmal auf das Blech der Fensterbank.

Vielleicht schon früh, im Morgengrauen,
grüßt mich das Lied vom Ararat:
ein armer Engel wird in meine Stube schauen,
der auch im Treppenhaus gerufen hat.

Cyrus Atabay

EINE UNDURCHSICHTIGE ERSCHEINUNG

Wo wohnt er denn nun eigentlich,
ganz oben im Dachzimmer
oder im Keller?

Man kann ihn in keiner Etage
unterbringen,
vielleicht hat er sich eigens
ein Zwischenstockwerk eingerichtet?

Man begegnet ihm manchmal flüchtig
im Treppenhaus,
es kann aber auch
ein Luftzug gewesen sein.

Seine Unaufdringlichkeit
ist eh schon verdächtig,
aber ohne Bedeutung
für die Sache.
Was sieht er denn aus seinem Fenster,
betreibt er die Mantik
des Vogelflugs
oder der Wurzeln?

Freilich, er benutzt den gleichen
Hauseingang wie wir,
den gleichen Ausgang
auch.

Heinz Kahlau

JEDEN TAG

Jeden Tag
sehe ich nach dem Flugbrett
für Engel.
Jeden Tag
wisch ich es ab
mit der Hand.
Jeden Tag
liegt es voll Asche
und Staub.
Aber sonst
nur die Spuren von Spatzen.

Günter Bruno Fuchs

LITURGIE IM HINTERHOF

Wir suchen dich am Fensterbrett
wo der Kanarienvogel singt,
wir suchen dich im Laubenhaus
im grünen Viereck nebenan,
im goldnen Hundeblumenstrauß.

Wir suchen dich und hoffen nur
auf Nachricht, wann du kommen wirst,
und daß du dich im Treppenflur,
im Dunkeln nicht verirrst.

Wir hoffen diesen Winter noch,
du kämst vielleicht als Kohlenmann
und zündetest im Ofenloch
ein Feuer an.

Ulrich Berkes

Ausserplanetarische Visite

Was wird man sagen, wenn ich nachts einen sehr strahlen-
den rötlichen körper langsam niedersinken sehe, aus dem
lautlos sieben wesen in blendendes weiß gekleidet steigen,
die bald mit ihrem raumschiff wieder im himmel ver-
schwinden. Man wird es nicht glauben, auch wenn ich an-
derntags an der selben stelle die regelmäßigen runden ein-
drücke zeige und den blauen staub umher.

Peter Hacks

Die Feder

Manchmal überfliegen einzelne Engel mein Grundstück,
Hin zu dem oder dem tröstungsbedürftigen Volk.
Gestern war einer, die Sonne schimmernd in Flügeln und
                                                    Haaren
Sie durchschien auch sein Hemd. Deutlich erhellte dabei,
Daß er sanft gebildet und mädchenhaften Geschlechts
                                                    war.
Lange blickte ich ihm nach.
Dann auf dem Pflaster im Hof
Lag was Weißes. Ihm war eine Feder heruntergefallen.
Und ich hob, all dies dir zu berichten, sie auf.

Hans Magnus Enzensberger

Terminal B, Abflughalle

Gleich hinter der Sicherheitsschleuse
auf dem polierten schwarzen Granit
diese Feder, rostbraun, golden, schneeweiß
gezüngelt, gepardelt, geflammt.
Hebe sie auf, sie wiegt wenig,
fasse sie ruhig ins Auge!
Trappe? Rebhuhn? Fasan?
Kein Flattern, kein Vogelschrei.
Unter dem hohen Glasdach
nur Monitore und monotone Stimmen.
»Herr Buffon wird zum Flugsteig gebeten.«

Es wird eine Handschwinge sein,
die Fahnen nicht ganz symmetrisch,
etwas Flaumiges an der Spule,
und im trüben Ende des Kiels
steckt die Seele. Wie das Licht spielt
mit den schillernden Farben,
und wie, wenn du deinen Fund
genauer betrachtest, Haken-, Bogen-
und Federstrahlen sich so fein,
so unfaßbar winzig verästeln,
daß dir die Tränen kommen!

Doch soviel siehst du mit bloßem Auge,
daß sie vollkommener ist,
die verlorene Feder,
als der hinter dem Isolierglas
auf Position 36 lautlos dröhnende
Jumbojet, den du versäumt hast.

Dagmar Nick

ÜBERGANG

Geringer wird das Gewicht
auf den Flügeln: im Aufwind
laß ich mich nieder,
teil meine Augen aus,
meine Wißbegier, streu
ein paar Silberschuppen
aus meinen gefiederten Köchern,
jag meinen Schatten dir nach
über den Meeresspiegel,
durch das Regenbogengeflunker
der zwiefachen Sonne,
nehm es auf, bei Gott,
mit den Windmühlen, mit
den Gesetzen der Schwerkraft und
segle dann langsam hinab
über dich, deine Erde,
hinab.

Zbigniew Herbert

Sieh mal

Bläue kalt wie stein an dem die engel ihre flügel wetzen
erhaben und sehr dieser erde entrückt
schreitend auf sprossen des glanzes und über die fetzen
des schattens
versinken sie allmählich in dem geträumten himmel
aber sie kommen nach einer weile noch blässer heraus
jenseits des himmels jenseits der blicke

Sag nicht es sei nicht wahr es gäbe die engel nicht
vertieft im teich des trägen körpers du
die du das alles im farbton deiner augen siehst
und satt von der welt bei der schranke der wimpern
verharrst

Rafael Alberti

DER UNBEKANNTE ENGEL

Heim zu den Erzengeln will ich!
Ich war...
Seht mich an.

Gekleidet wie auf der Welt,
man sieht meine Flügel nicht.
Keiner weiß, wie ich war.
Niemand kennt mich.

Auf der Straße – wer erinnert mich noch?
Meine Sandalen sind Schuhe geworden,
meine Tunica eine Hose
und ein Sportjackett.

Sag du, wer ich bin.

Und trotzdem, ich war...
Seht mich an.

Kuno Raeber

ENGEL IM REGEN

Engel im Regen,
kläglich, mit nassen
Flügeln, treiben
knapp über den Kämmen. Bis einer,
April, eine sonnige Stelle
findet, die Federn
schäumen auf, und die Glieder
rudern, plötzlich getrocknet, er kreist
nieder, Rieseninsekt.
Engel mit nassen
Flügeln treiben im Regen.

Jörg Burkhard

WENN DER HIMMEL AUF DIE ERDE KOMMT

wenn der himmel auf die erde kommt
im letzten unwetter
an dessen beginn
alle offengelassenen fenster
auf die straße fielen
lag plötzlich
von einem blitzstrahl beleuchtet
ein mann im hof
schwappte mit langen flügeln in der brühe
die aus kellern hochkam

gabriel
brüllten wir hinunter
komm herauf.
er kam hoch
eine wasserspur rann die treppe hinunter
die dusche war zu eng für ihn
er duschte heiß
langsam wurde er munter

wir hörten platten
tranken kaffee
mit viel rhum.
verabschiedeten uns

grüß columbien und garcia
schrien wir ihm nach
er flatterte in
der dunklen luft
ich fliege über paris
rief er herunter
und verschwand singend
in den blauen abend

Heinz Czechowski

Januar

Ich sah einen Engel
Über Paris: Engel des Winters, Engel
Des Eises der Seine. Ich stand auf den Brücken, der Abend
Entzündete schon seine Lichter,
In Scherben sich spiegelnd, in Scherben
Zu meinen Füßen: Scherben der Liebe
Im Rinnstein der Rue Mouffetard,
Neben den Zwiebelschalen der Herzen,
Siebente Liebe,
An die ich glaubte, siehe, siehe sie, sieh.
Dein Blick ist dein Blick nicht,
Ich zähle die Brücken: sieben,
Wie die ungeschriebenen Briefe,
Die mich nicht erreichen und deren Papier
Vergilbt in den Papeterien, das auf mich wartet
Noch immer.
Ich sah einen Engel, sah, sah einen Engel,
Sah einen Namen, geschrieben
An die Wand eines Pissoirs.
Ich habe ihn vergessen, ich gehe,
Ein Jahr danach, durch den Winter
Und seh keinen Engel.
Es essen
Die Engel den Schnee des vergangenen Jahrs.

Ich schreib einen Brief an den Engel über Paris.
Doch was ich erreiche,
Verfehle ich, ziellos.
Ich bin ohne Urteil, bin
Eine Zwiebel mit sieben Häuten,
Zähl meine Häute und blute:
Spur, die zu mir führt im Schnee.

Rolf Bongs

DER ENGEL DER MEERE

Hoch vom nördlichsten Vorgebirge der Insel
fällt der Berg steil ab ins Meer.
Der Wellen weite Flügel breiten sich
rauschend, tausendfiedrig, ohne Ende,
aus dem runden Schwung des Horizontes.
Aufsteigt, strahlend Licht, im fließenden Gewand,
der Engel der Meere, leichtfüßig und voll Kraft,
das Angesicht verstummt von seiner großen Einsamkeit,
doch um den Mund ein selig Lächeln,
das, im Gleiten, ein Wind, ein kühler Kuß,
den Baum, die Erde findet, mich.
Nackt liegt wieder das kreisende Meer
in gewaltigen Bogen. Der Engel entschwindet
in den brausenden Gesang der Muscheln und
                    der Brandung.

Richard Pietraß

KÜSTE

Ich kam ans Meer
In völliger Nacktheit
Ohne fündigen Muskel
Matrosenpatent

Ein Engel echauffiert
Paradierte am Ufer
Teilte die Luft
Mit dem Schwert

Sandgebaut
Dauerte das Meer
Trug
Gedichtete Boote

In ölige Rohrlappen
Gemummt
Schlief ein anderer Engel
Gerechten Schlaf

Tobias Hallbauer

Ein Engel über der Stadt

Ein Engel über der Stadt
Unglaublich
Die Spannweite der Flügel
Rauschen
Seines Fluges im gefrorenen Augenblick

vom Meer komme ich
zum Meer gehe ich

Hanns Cibulka

HÖHENPHÄNOMEN

Kein Laut,
keine Rauchspur hier oben,
unter uns
die Wetterhaut der Erde.

Eisnadelwolken,
Strahlenkronen
geistern
durch den schwarzen
Himmel.

Die Zwischenwände
unserer Worte
stürzen ein,
die Buchstaben
fallen
aus.

Auf der Netzhaut
ätherische Landschaften,
Engelsbilder,
körperlos,
leicht,

die Sicherungen
in der Großhirnrinde
schlagen durch.

Pilot
der Stille,
leg mir ein Wort
in den Mund,
sonst werden die Lippen
Stein.

Rose Ausländer

FEBRUAR

Im Schneehemd
fallen flüchtende Engel
aus den Wolken

Wir schwimmen
im Strom
ihrer gebrochenen Flügel
Eistränen
an den Wimpern

Der Wind
bläst die Posaune

Kurt Drawert

ENGEL

Die Engel des Glücks,
Zentimeter für Zentimeter
gehen sie von mir.

Die einen stilvoll,
das Gesicht noch zu mir gewandt
und in sanfter Verneigung,

die anderen wortlos,
mit kalter Schulter
am Standort des Gläubigers vorbei.

Und was gestern noch zählte,
ist heute der Schnee
auf den sinkenden Armen der Tanne.

VII

ENGEL DER GESCHICHTE

Aber ein Sturm weht vom Paradiese her,
der sich in seinen Flügeln verfangen hat
und so stark ist,
daß der Engel sie nicht mehr schliessen kann.
Dieser Sturm treibt ihn unaufhaltsam
in die Zukunft, der er den Rücken kehrt,
während der Trümmerhaufen vor ihm
zum Himmel wächst.
Das, was wir den Fortschritt nennen,
ist dieser Sturm.

WALTER BENJAMIN

Iren Baumann

Das Paradies

Das Paradies –
für die einen Nahrung
ein Dach überm Kopf
für andere gefüllte Tresore
und für wieder andere
ein Kindertraum von Garten
den Toten geweiht
die ohne Schatten zu werfen
tonlos murmelnd
umhergehn

Von lebendigen Füßen betreten
in einem Augenblick irdischen Glücks
verblaßt das samtene Rot
die Wiesen erzittern
aus den blauen Flügeln der Eisvögel
stürzen Federn
der weiße Pfau schreit
Entsetzen packt die Zypresse aus Kaschmir
die libanesische Zeder
wird von einem Beben geschüttelt –
der Parkwächter
weist dir die Tür

Hans Arp

WAS SAGEN DIE ENGEL

Was sagen die Engel
zu unserer armen Erde
die von der Tollwut des Verstandes
der Mechanisierung
der Übermaschinen
hoffnungslos verteufelt worden ist.
Die Dröhnvereine dröhnen
ein Lärm-mal-eins um das andere.
Wo sind die lieben Bäume?
Wo sind die lieben Vögel?
Die gleiche Leere
verschlingt oben und unten.
Sterne und Himmel
Augen und Erde
schrumpfen zu nichts zusammen.
Was sagen die Engel
zu diesem Grauen?

Holger Teschke

JÜDISCHER ENGEL

Sein Flug aus der Felswüste über das Salzmeer im
       Sandsturm
Der Rauchsäule nach bis an die Rampen der Lager
Sein Flug durch das Aschegewölk Durch elektrische
       Zäune
Unter der Mondsichel Deutschlands im Neongewitter
Über den kochenden Städten aus Chrom und Beton
Der Engel mit dem Kalkgesicht Mit der ledernen Maske
Das Gefieder versengt Knochensplitter im Haar
Der blutende Engel mit dem geborstenen Leuchter
Seine Flugbahn gelöscht von Turbinen
      der Jumbogeschwader

Horst Lange

AUF EINEN VON BOMBEN ZERSCHLAGENEN ENGEL

Müde, müde auf den Schutt gebettet,
Plump und aller Höhe schon entwöhnt,
Unbeachtet und auch ungerettet,
Weil er keinen rettet, der jetzt stöhnt,
In der obren Ordnung mitgeboren,
Für die reinen Lüfte auserkoren.

Machtlos, machtlos in den Schmutz gefallen,
Da er stürzte, war der Himmel blank,
Unten hörte man den Donner hallen,
Auf der Erde, die vor Flammen krank.
Unbeirrt, im Kehricht und im Qualme
Trägt er lächelnd seine Friedenspalme.

Fritz Usinger

DER ENGEL

Ich bin ein sehr alter Engel.
Das Gold auf meinen Schultern ist gebräunt.
Wo ich mit verzückter Gebärde hindeute,
Steht längst kein Gott mehr.
Aber immer noch verweile ich
In meinem zarten, goldgeschmiedeten Küraß.
Mein Gewand weht in einem Winde,
Der keinen irdischen Namen hat,
Und meine Augen sind groß geöffnet
Von dem Glück eines Glanzes,
Der nirgends mehr zu gewahren ist.

Margarete Hannsmann

Benjamins Engel der Geschichte

Angelus Novus von Klee vergaß ich

aber ich ducke mich unablässig
unter dem Sturm
der sich in den Flügeln
dieses Engels verfangen hat
rückwärts
dem Paradies zugewendet
wird er durch Trümmer-
jahrtausende
in die Zukunft getrieben
erwählt
nie wieder seine Flügel zu schließen
augenlidlos
ewig zu schrein
Engel der Engel
verfluchtester
gebenedeit
Gottes Scheitern
auszuhalten

Erinnerst du dich
an einen Mann mit Brille
auf dem Pyrenäenkamm

der seine Aktentasche nicht
noch einmal zurücktragen wollte
an jenem sechsundzwanzigsten September?

Heiner Müller

Der glücklose Engel

Der glücklose Engel. Hinter ihm schwemmt Vergangenheit an, schüttet Geröll auf Flügel und Schultern, mit Lärm wie von begrabnen Trommeln, während vor ihm sich die Zukunft staut, seine Augen eindrückt, die Augäpfel sprengt wie ein Stern, das Wort umdreht zum tönenden Knebel, ihn würgt mit seinem Atem. Eine Zeit lang sieht man noch sein Flügelschlagen, hört in das Rauschen die Steinschläge vor über hinter ihm niedergehn, lauter je heftiger die vergebliche Bewegung, vereinzelt, wenn sie langsamer wird. Dann schließt sich über ihm der Augenblick: auf dem schnell verschütteten Stehplatz kommt der glücklose Engel zur Ruhe, wartend auf Geschichte in der Versteinerung von Flug Blick Atem. Bis das erneute Rauschen mächtiger Flügelschläge sich in Wellen durch den Stein fortpflanzt und seinen Flug anzeigt.

Gertrud Kolmar

DER ENGEL IM WALDE

Ich aber traf ihn nachmittags im Wald.
Ein Wunder, das durch Buchenräume ging,
So menschenfern, so steigend die Gestalt,
Daß blaue Luft im Fittich sich verfing;

Das Antlitz schien ein reines, stilles Leid,
Sehr sanft und silbrig rieselte das Haar,
In großen Falten schritt das weiße Kleid.
Er schaffte nichts, er sagte nichts; er war.

Und nichts an ihm, was schreckte, was verbot.
Und dennoch: keines Sterbens Weggenoß,
Daß meine Lippe, ob auch unbedroht,
Erstaunten Ruf, die Frage stumm verschloß.

Ein Blatt entwehte an sein Gürtelband,
Vergilbt und schon ein wenig krausgerollt;
Er fing und trug es in der schmalen Hand
Wie ein Geschenk aus Bronze und aus Gold.

Wer sah ihm zu? Das Eichhorn, rot am Ast,
Und Rehe, die das Buschwerk schnell verlor.
Und Erlen wanden schon im Abendglast
Wie schwarze Schlangen züngelnd sich empor.

Er regte kaum die dünne Blätterschicht
Mit weichem Fuß. Er hatte ewig Zeit
Und zog: wohin? In Stadt und Dörfer nicht.
Er wallte außer aller Wirklichkeit.

Nicht unsre Not, nicht unser armes Glück,
Nur keusche Ruhe barg sein Schwingenpaar.
Ich folgte nach und stand und blieb zurück.
Er brachte nichts, er sagte nichts: er war.

Johannes R. Becher

ENGEL DES SCHWEIGENS

Er schweigt in uns und schweigt in uns beredt.
Verschwiegen, haben wir ihm nichts verschwiegen...
Da stand er vor uns, und wie uns entstiegen,
Ein schweigendes, ein steinernes Gebet.

Er legt den Finger auf den Mund, um sich
In seinem Schweigen vor der Welt zu zeigen,
Und jeden schweigt er an: »Sieh her auf mich!
Ich schweige auch für dich in meinem Schweigen.«

Er schweigt das Leid der Welt in sich hinein
Und fragt zugleich, indem den Kopf er neigt,
Als horchte er: »Wann wird das Leid, das schweigt,
Für alle Zeiten ausgeschwiegen sein?«

Und zitternd löst sein Finger sich vom Mund –
Ein Schrei bricht auf aus tiefstem Leidensgrund.

Heiner Müller

Ich bin der Engel der Verzweiflung

Ich bin der Engel der Verzweiflung. Mit meinen Händen teile ich den Rausch aus, die Betäubung, das Vergessen, Lust und Qual der Leiber. Meine Rede ist das Schweigen, mein Gesang der Schrei. Im Schatten meiner Flügel wohnt der Schrecken. Meine Hoffnung ist der letzte Atem. Meine Hoffnung ist die erste Schlacht. Ich bin das Messer mit dem der Tote seinen Sarg aufsprengt. Ich bin der sein wird. Mein Flug ist der Aufstand, mein Himmel der Abgrund von morgen.

Erich Fried

Die Engel der Geschichte

Es ist nicht wahr
daß Geschichte
gefälscht wird
Sie hat sich großenteils
wirklich
falsch
zugetragen
Ich kann das selbst bezeugen:
Ich war dabei

Doch leicht begreiflich
daß jetzt
die verschiedenen Seiten
verbesserte Fassungen
nachliefern
die das Geschehene
nicht
so sehr berichten
wie berichtigen wollen

Weil sie erkennen:
Wir dürfen uns nie
und nimmer
entmutigen lassen
vom schlechten
Wirklichen

Heinrich Böll

ENGEL

Engel, wenn Du ihn suchst
er ist Erde
zwischen den Steinen am großen Berg
bereit aufzustehen
wenn Du ihn rufst
Wenn Du ihn rufst
ohne Macht
ohne Herrlichkeit
ruf wie ein Bruder
wenn Du ihn suchst
Germane war er Jude Christ
Erde ist er
für Schlehdorn Fuchsie Ginster
Zwischen den Steinen am großen Berg
wenn Du ihn suchst
Wenn du ihn findest Engel
mach ihn neu
nicht aus Blut
nicht aus Galle
aus Tränen und
ein paar Tropfen Rheinwasser
mach ihn neu
wenn Du ihn findest

Berthold Viertel

Mit Engelszungen

Es wäre denn mit Engelszungen,
Hülfe sonst ein Singen?
Es haben Tapfere gesungen,
Während sie untergingen.
Das Opfer sang, der Henker sang,
Daß es durch das Jahrhundert klang.
Elend hat seine Lieder
Und singt sie immer wieder,
Die Liebe ihren Geigenton,
David klagt um Absalon.

Hoch klingt die Revolution
Und hat sich ausgeklungen.
Was nützte alles Singen schon,
Wär's nicht mit Engelszungen!

Und wär es auch mit Engelszungen,
Was hülfe alles Singen schon?
Es ist ja nur ein Ohrenschmaus,
Beim Ohr hinein, beim Ohr hinaus,
Und niemals ist ein einziger Ton
Auch wirklich eingedrungen.
Dem Vater glaubt es nicht der Sohn,
Und spräche der mit Engelszungen.

Gesungen wie geklungen,
Die Menschen lassen nicht davon
Und keiner hat's bezwungen:
Die Gier, die Lüge und den Hohn,
Unrecht in allen Zungen –
Geht hin und singt davon!

Epilog

Einen wirklichen Engel
einen Engel aus Licht
hättest Du uns doch endlich
wieder einmal schicken können.

Man könnte meinen
daß Du nun den atheistischen Vereinsmeiern
den Übermaschinen und Überrobotern
die abgegrasten Auen der Erde
endgültig überlassen wollest.

Die armen Betenden
sollten doch wieder einmal
Atem schöpfen können.

HANS ARP

NACHWORT

Es müssen nicht Männer mit Flügeln sein
Eine Spurensuche in Gedichten

Wohin wir schauen: Politik und Wirtschaft stecken in der Klemme, Engel aber haben Konjunktur. Sie sind, so scheint es, fast das einzige, was uns noch beflügelt. Auch wenn wir sie nicht berühren, nicht umarmen können, sind und bleiben sie unsere alltäglichen, unsere allnächtlichen Begleiter – und das ist durchaus wörtlich zu verstehen. Sie siedeln in den Niederungen der Werbung ebenso wie im Nachtprogramm des Fernsehens. Sie amüsieren, erschrecken oder trösten uns im Kino. Theater und bildende Kunst haben sie schon lange erobert, und Literatur ist ohne Engel einfach nicht vorstellbar. Ihre Domäne ist unüberlesbar die Lyrik, und dort huldigen ihnen sogar Dichter wie Gottfried Benn und Bertolt Brecht, deren Blick sich nur selten über die faßbare Welt erhebt.

Als Jan Kowalczyk, ein befreundeter Buchhändler, uns ausdruckte, was unter dem Stichwort Engel derzeit auf dem Büchermarkt angeboten wird, kamen wir auf über 300 Titel, die dem Bedürfnis nach Trost und Begleitung gerecht zu werden versuchen, wenngleich zumeist in den Gefilden der Esoterik. Heinrich Krauss, katholischer Theologe und Autor des empfehlenswerten Buches ›Kleines

Lexikon der Engel‹, stellte denn auch in einem ›Spiegel‹-Interview fest: »Je mehr Gott ins Jenseits rückt, desto mehr Zwischenwesen werden nötig.«

»Wer wüchse nicht gern mit einem Engel auf«, fragt Sarah Kirsch in einem Gedicht. Und wer – sei er religiös gebunden, Agnostiker oder dezidierter Atheist – wird angesichts dieser Frage nicht angerührt, und sei es durch Erinnerungen an seine Kindheit. So haben wir das erste unserer sieben Kapitel dem Schutzengel gewidmet, dem beliebtesten aller Engel. Wer aber genau liest, wird bald erleben, daß aus dem Engel, in dessen Schutz wir uns hoffnungsfroh begeben, jemand geworden ist, der nach Zwiesprache verlangt oder gar von uns getröstet sein will. Dichter der Gegenwart, Franz Hodjak zum Beispiel oder Richard Pietraß, sprechen dies provozierend deutlich aus, doch bereits Rilke und Christine Lavant wußten es und lassen es uns wissen. Schon hier also, bei den Schutzengeln, die wir lieber Engel der Zuflucht nennen, wird spürbar, daß aus den Sendboten Gottes die Botschafter der Dichter geworden sind. Sie rühren an unsere intimsten Ängste, an unsere verborgensten Sehnsüchte, doch sie wollen nicht nur Helfer, sondern auch Mahner sein.

Im letzten Kapitel unserer Anthologie, das dem Engel der Geschichte gewidmet ist und dem Walter Benjamin das Motto gibt, wird dies am deutlichsten. Das Erschrecken der Engel angesichts einer Erde, die wir sehenden Auges in den Abgrund steuern, ist unser eigenes Erschrecken. Heiner Müller läßt seine Engel geradezu verzweifeln. Er ist es aber auch, der betont, daß noch keineswegs das Ende der Menschheitsgeschichte angesagt ist. »Vom Ende der Geschichte zu reden, ist natürlich Schwachsinn«, erklärt er 1991 in einem Interview, »denn draußen stehen eine ganze Menge, die noch gar nicht in die Geschichte eingetreten sind.« Gleich neben dem Entsetzen also der Appell an die Hoffnung. In dem Gedicht ›Die Engel der Geschichte‹ von Erich Fried klingt das so: »Wir dürfen uns nie / und nimmer / entmutigen lassen / vom schlechten Wirklichen.« Haben wir erst einmal akzeptiert, daß Engel die menschlichste Form von Metaphysik sind und keiner theologischen Weihen bedürfen, dann können wir auch annehmen, daß sie uns zürnen, daß sie uns – wie einst den biblischen Jakob – zum Zweikampf herausfordern. Und wir wundern uns nicht länger, daß sie auch zärtlich zu uns sein können oder uns heiter stimmen.

Vielleicht berühren sie uns am innigsten, wenn sie bloß vorüberwehn. Da genügt im Glücksfall eine verlorene Feder, um uns hochgemut zu stimmen oder jäh die Fragwürdigkeit unserer erdenschweren Existenz ahnen zu lassen. Vielleicht ist es ja mit den Engeln wie mit den bedrängten Geschwistern im Grimmschen Märchen vom Fundevogel: Verläßt du mich nicht, verlass' ich dich auch nicht!

Was bleibt ist die Sehnsucht.

München, Herbst 2002   *Hans Stempel und Martin Ripkens*

Achmatowa, Anna
1889 bei Odessa geboren, starb 1966 in der Nähe von Moskau.
Lyrikerin.
Bruchstück: S. 84. In: Gekreuzte Regenbogen. Übertragen von
Hans Baumann. Privatdruck 1967 © für die Übersetzung bei Elisabeth Baumann, Murnau

Adloff, Gerd
1952 in Berlin geboren, lebt dort. Drucker, Germanistikstudium,
Lyriker, Fotograf.
Engel, der vorüberging: S. 74. In: Fortgang. Berlin 1985 © beim
Autor; Engel: S. 114. In: Die Wärme die Kälte des Körpers des
Andern. Liebesgedichte. Hg. v. Kurt Drawert. Berlin 1988 © beim
Autor

Alberti, Rafael
1903 bei Cadiz geboren, wo er 1999 starb. Lyriker, Dramatiker,
Maler. Schrieb Kampflieder gegen Franco.
Der unbekannte Engel: S. 126. In: Zu Land zu Wasser; Der gute
Engel III: S. 73. Übertragen v. Walter Palm. In: Ebd. © 1960 Suhrkamp Verlag, Frankfurt a. M.

Althaus, Peter Paul
1892 in Münster geboren, starb 1965 in München. Hörspielautor,
Lyriker, Kabarettist.
Durch die Traumstadt geht ein Engel: S. 100. In: in der traumstadt. Karlsruhe 1953 © Dr. Dr. Hans Althaus, Köln

Amichai, Jehuda
1924 in Würzburg geboren, lebt in Jerusalem. Emigrierte 1935.
Erzähler, Lyriker.
Wir taten es: S. 85. Übertragen v. Lydia und Paulus Böhmer In:
Zeit © 1998 Suhrkamp Verlag, Frankfurt a.M.

Arp, Hans
1887 in Straßburg geboren, starb 1966 in Basel. Lyriker, bildender
Künstler. Zunächst Dadaist.
Ist er heimlich?: S. 7; Was sagen die Engel...: S. 142; Einen
wirklichen Engel...: S. 157. In: Sinnende Flammen. Neue Ge-
dichte © 1961 by Verlags AG Die Arche, Zürich

Astel, Arnfrid
1933 in München geboren, lebt in Saarbrücken. Lyriker, Redakteur.
Gabriel: S. 30. In: Neues (& altes) vom Rechtsstaat und mir.
Frankfurt 1978 © beim Autor

Atabay, Cyrus
1929 bei Teheran geboren, starb 1996 in München. Lyriker.
Eine undurchsichtige Erscheinung: S. 116. In: Gedichte © 1991
Insel Verlag, Frankfurt a. M.

Aus ›Des Knaben Wunderhorn‹. Abendgebet: S. 13. In: Alte
deutsche Lieder. Gesammelt v. L. Achim von Arnim und Cle-
mens Brentano. München, 1984.

Ausländer, Rose
1907 in Czernowitz geboren, starb 1988 in Düsseldorf. Überlebte
den Krieg in einem Kellerloch. Lyrikerin.
Februar: S. 137. In: Mein Venedig versinkt nicht © 1982 S. Fischer
Verlag, Frankfurt a. M.

Bartsch, Kurt
1937 in Berlin geboren, wo er lebt. Erzähler, Lyriker.
Die Verkäuferin: S. 110. In: Zugluft. Berlin 1968 © beim Autor

Bauer, Walter
1904 in Merseburg geboren, starb 1976 in Toronto. Emigrierte
1952, da er in der Adenauer-Ära keinen Neubeginn sah.
Ein Flügel streifte mich: S. 57. In: Klopfzeichen © 1962 Tessloff
Verlag, Hamburg; Plötzlich trat sie auf mich zu: S. 75. In: Nacht-
wachen eines Tellerwäschers. München 1957

Baumann, Iren
1939 in Copham (England) geboren, lebt in Zürich. Lyrikerin.
Das Paradies: S. 141. In: Die vorgewärmten Schuhe © 2000 Edition Isele, Eggingen

Becher, Johannes Robert
1891 in München geboren, starb 1958 in Berlin. Emigrierte 1933 nach Moskau. Mitbegründer der Zeitschriften ›Linkskurve‹ sowie ›Sinn und Form‹. Erzähler, Lyriker, Kultusminister der DDR.
Engel des Schweigens: S. 151. In: Schritt der Jahrhundertmitte. Neue Dichtungen © 1958 Aufbau Verlag, Berlin

Benjamin, Walter
1892 in Berlin geboren, Freitod 1940 in Port Bou, Spanien.
Auszug aus der neunten These: S. 139. In: Gesammelte Schriften, Bd. 1, Über den Begriff der Geschichte © 1989 Suhrkamp Verlag, Frankfurt a.M.

Berkes, Ulrich
1936 in Halle geboren, lebt in Berlin. Lyriker.
Außerplanetarische Visite: S. 120. In: Ikarus über der Stadt. Berlin 1976 © beim Autor

Böll, Heinrich
1917 in Köln geboren, starb 1985 in Bornheim. Romancier, Erzähler, Essayist.
Engel: S. 154. In: Werke. Bd. 10. © 1978 by Verlag Kiepenheuer & Witsch, Köln

Bongs, Rolf
1907 in Düsseldorf geboren, starb dort 1981. Erzähler, Lyriker.
Der Engel der Meere: S. 132. In: Tränen und Lächeln Lorbeer und Dorn. Berlin 1942 © Rolf Klaus Bongs

Borchers, Elisabeth
1926 in Homberg (Niederrhein) geboren, lebt in Frankfurt am Main. Lektorin, Lyrikerin.

Engel auf dem Schloßaltar von T.: S. 34. In: Von der Grammatik des heutigen Tages © 1992 Suhrkamp Verlag, Frankfurt a. M.

Bornhöft, Peter
1936 in Rostock geboren, lebt in Bielefeld. Gymnasiallehrer.
Unsre Menschenkrankheit sag doch Liebe: S. 91. In: Übers Wasser gehen. Paderborn 1995 © beim Autor

Brambach, Rainer
1917 in Basel geboren, starb dort 1983. Zunächst Landarbeiter, Lyriker.
Tatsache: S. 104. In: Heiterkeit im Garten © 1989 Diogenes Verlag AG, Zürich

Brecht, Bertolt
1889 in Augsburg geboren, starb 1956 in Berlin. Emigrierte 1933.
Vision in Weiß, I. Psalm: S. 51. In: Werke. Große kommentierte Berliner und Frankfurter Ausgabe, Bd. 11 © 1988 Suhrkamp Verlag, Frankfurt a. M.

Brendel, Alfred
1931 in Wiesenburg (Mähren) geboren, lebt in London. Pianist, Essayist, Lyriker.
Wenn die Engel kommen: S. 97. In: Störendes Lachen während des Jaworts © 1997 Carl Hanser Verlag, München – Wien

Burkhard, Jörg
1943 in Dresden geboren, lebt in Heidelberg. Buchhändler, Lyriker, Fotograf.
wenn der himmel auf die erde kommt: S. 128. In: In Gauguins alten Basketballschuhen. Heidelberg, 1978 © beim Autor

Cämmerer, Monika
1933 in Hamburg geboren, lebt in Karlsruhe. Studium der Kunstgeschichte. Erzählerin, Lyrikerin.
Seltsamer Engel: S. 44. In: Gegengesang. Lyrik Prosa. © 1987 Literarische Gesellschaft, Karlsruhe

Cibulka, Hanns
1920 in Jägerndorf (Mähren) geboren, lebt in Gotha. Lyriker, Erzähler.
Höhenphänomen: S. 135. In: Lichtschwalben. Halle, Leipzig 1973
© beim Autor

Czechowski, Heinz
1935 in Dresden geboren, lebt in Schöppingen. Lyriker.
Januar: S. 130. In: Was mich betrifft. Halle, Leipzig 1981 © beim
Autor

Drawert, Kurt
1956 in Henningsdorf geboren, lebt in Darmstadt. Lyriker, Essayist.
Engel: S. 138. In: Frühjahrskollektion © 2002 Suhrkamp Verlag,
Frankfurt a. M.

Enzensberger, Hans Magnus
1929 in Kaufbeuren geboren, lebt in München. Lyriker, Essayist,
Mitbegründer des ›Kursbuch‹.
Die Visite: S. 46. In: Kiosk. Neue Gedichte © 1985 Suhrkamp
Verlag, Frankfurt a. M.; Terminal B, Abflughalle: S. 122. In:
Leichter als Luft © 1999 Suhrkamp Verlag, Frankfurt a. M.

Fried, Erich
1921 in Wien geboren, starb 1988 in Baden-Baden. 1938 emigriert. Essayist, Lyriker.
Die Engel der Geschichte: S. 153. In: Lebensschatten. Gedichte
© 1981, 2001 Verlag Klaus Wagenbach, Berlin; © 1993 Verlag
Klaus Wagenbach, Berlin

Fuchs, Günter Bruno
1928 in Berlin geboren, wo er 1977 starb. Grafiker, Erzähler, Lyriker.
Dämmerung: S. 115; Liturgie im Hinterhof: S. 119. In: Pennergesang. Gedichte & Chansons © 1995 Carl Hanser Verlag, München – Wien

Goll, Claire
1891 in Nürnberg geboren, starb 1977 in Paris. Lyrikerin, Erzählerin. Emigrierte mit Yvan Goll 1939 von Paris nach New York.
Wo bist du mein Erzengel?: S.59. In: Zehntausend Morgen röten © 1954 Limes Verlag, Wiesbaden. Alle Rechte bei und vorbehalten durch Wallstein Verlag, Göttingen

Goll, Yvan
1891 in St. Dié (Lothringen) geboren, starb 1950 in Paris. Lyriker, Erzähler, Dramatiker.
Der Engel: S. 113. In: Die Lyrik in vier Bänden. Bd. IV. Späte Gedichte 1930 – 1950. Hg. u. kommentiert v. Barbara Glauert-Hesse im Auftrag der Fondation Yvan et Claire Goll, Saint-Dié-desVosges © 1996 Argon Verlag GmbH, Berlin. Alle Rechte bei und vorbehalten durch Wallstein Verlag, Göttingen

Gong, Alfred
1920 in Czernowitz geboren, starb 1981 in New York. Lyriker, Übersetzer. Floh 1941 aus dem Ghetto von Czernowitz nach Bukarest. Emigrierte 1951 in die USA.
Trostlied: S. 54. In: Gras und Omega © 1960 Lambert Schneider, Heidelberg

Grass, Günter
1927 in Danzig geboren, lebt in Lübeck. Romancier, Essayist, Grafiker.
Mein Schutzengel: S. 101. In: Werkausgabe, Bd. 1. Gedichte und Kurzprosa. Hg. v. Volker Neuhaus u. Daniela Hermes © 1997 Steidl Verlag, Göttingen

Hacks, Peter
1928 in Breslau geboren, lebt in Berlin. Dramaturg, Stückeschreiber, Kinderbuchautor.
Die Feder: S. 121. In: Die Gedichte. Hamburg, 2000 © beim Autor

Härtling, Peter
1933 in Chemnitz geboren, lebt in Mörfelden (Hessen). Romancier, Lyriker, Jugendbuchautor.
Flügel: S. 79. In:Werke Bd. 8 Gedichte © 1999 by Verlag Kiepenheuer & Witsch, Köln

Hallbauer, Tobias
1974 in Dresden geboren, lebt dort. Theaterleiter, Musiker, Lyriker.
Ein Engel über der Stadt: S. 134. © beim Autor

Hannsmann, Margarete
1921 in Heidenheim geboren, lebt in Stuttgart. Lyrikerin, Erzählerin. Mitarbeit an HAP Grieshabers Zeitschrift ›Der Engel der Geschichte‹.
Benjamins Engel der Geschichte: S. 146. In: Glückloser Engel. Dichtungen zu Walter Benjamin © 1992 Insel Verlag, Frankfurt a. M.

Haringer, Jakob
1898 in Dresden geboren, starb 1948 in Zürich. Vagabund und Lyriker, von Döblin gefördert. Emigrierte nach Hitlers Machtergreifung in die Schweiz.
Der Engel: S. 24. In: In die Dämmerung gesungen. Berlin 1982

Herbert, Zbigniew
1924 in Lemberg geboren, starb 1998 in Warschau. Lyriker, Dramatiker, Essayist.
Der siebte Engel: S. 47; Sieh mal: S. 125. In: Inschrift. Übertragen von Karl Dedecius © 1997 Suhrkamp Verlag, Frankfurt a. M.

Hodjak, Franz
1944 in Herrmannstadt (Rumänien) geboren, lebt in Usingen (Taunus). Lyriker, Erzähler.
Bericht zur Lage: S. 35. In: Ankunft Konjunktiv © 1997 Suhrkamp Verlag, Frankfurt a. M.

Huch, Ricarda
1864 in Braunschweig geboren, starb 1947 in Schönberg (Taunus). Historikerin, Erzählerin. Verließ 1933 unter Protest die Preußische Akademie der Künste.
Ein Todesengel, göttlich sanft und schön: S. 58. In: Liebesgedichte © 1913 Insel Verlag, Frankfurt und Leipzig

Huchel, Peter
1903 in Berlin geboren, starb 1981 in Staufen (Baden). Lyriker.
Die Engel: S. 67. In: Gezählte Tage © 1972 Suhrkamp Verlag, Frankfurt a. M.

Jammes, Francis
1868 in den französischen Pyrenäen geboren, wo er 1938 starb. Lyriker, Erzähler. Sah sich in der Nachfolge des Franz von Assisi.
Mein Engel: S. 25. Übertragen von Oskar Loerke. In: Verse der Lebenden. Berlin 1927

Kahlau, Heinz
1931 in Drewitz geboren, lebt in Berlin. Lyriker.
Jeden Tag: S. 118. In: Flugbrett für Engel. Gedichte © 1974 Aufbau Verlag, Berlin und Weimar

Kaléko, Mascha
1907 in Schidlow (Polen) geboren, starb 1975 in Zürich. 1936 Flucht aus Berlin. Lyrikerin.
An meinen Schutzengel: S. 11. In: In meinen Träumen läutet es Sturm © 1977 Deutscher Taschenbuch Verlag, München

Kaschnitz, Marie Luise
1901 in Karlsruhe geboren, starb 1974 in Rom. Lyrikerin, Erzählerin, Essayistin.
Vertreibung: S. 43; Was wird sein: S. 66. In: Gesammelte Werke, Bd. 5 © 1985 Insel Verlag, Frankfurt a. M.; Im Sturm: S. 52. In: Überall nie. Ausgewählte Gedichte 1928–1965 © Claassen Verlag, jetzt München

Kirsch, Sarah
1935 in Limlingerode (Harz) geboren, lebt in Schleswig-Holstein.
Lyrikerin.
Gleisarbeiterschutzengel: S. 19; Engel: S. 33. In: Werke in fünf
Bänden. Hg. v. Franz-Heinrich Hackel © 1999 Deutsche Verlags-
Anstalt GmbH, Stuttgart

Kolmar, Gertrud
1894 in Berlin geboren, 1943 deportiert, vermutlich Auschwitz.
Lyrikerin.
Der Engel im Walde: S. 149. In: Gedichte © 1983 Suhrkamp Ver-
lag, Frankfurt a. M.

Kräftner, Herta
1928 in Wien geboren, starb dort 1951 durch Veronal. Lyrikerin.
Oh, du verlorener Engel!: S. 92. In: Das Werk © 1963 Stiasny
Verlag, Graz

Krolow, Karl
1915 in Hannover geboren, starb 1999 in Darmstadt. Lyriker, Es-
sayist.
Ziemlich viel Glück: S. 76. In: Tage und Nächte. Düsseldorf 1956
© Suhrkamp Verlag, Frankfurt a. M.; Ich schicke den Engel weg:
S. 89 In: Schönen Dank und vorüber © 1984 Suhrkamp Verlag,
Frankfurt a. M.; Süß: S. 102. In: Herbstsonett mit Hegel © 1981
Suhrkamp Verlag, Frankfurt a. M.

Kunert, Günter
1929 in Berlin geboren, lebt in Itzehoe. Lyriker, Erzähler.
Gewisse Engel: S. 86. In: Nachtvorstellung © 1999 Carl Hanser
Verlag, München – Wien

Lange, Horst
1904 in Liegnitz geboren, starb 1971 in München. Romancier,
Lyriker.
Auf einen von Bomben zerschlagenen Engel: S. 144. In: De Pro-
fundis. Eine Anthologie aus zwölf Jahren. München 1946

Lasker-Schüler, Else
1869 in Elberfeld geboren, starb 1945 in Jerusalem. Lyrikerin,
Malerin. Emigrierte 1933.
Mein blaues Klavier: S. 26; Gebet: S. 60. In: Sämtliche Gedichte
© 1996 Suhrkamp Verlag, Frankfurt a.M.

Lavant, Christine
1915 in Kärnten geboren, wo sie 1973 starb. Lyrikerin, Erzählerin.
O du bodenloser Engel: S. 31. In: Spindel im Mond © 1995 Otto
Müller Verlag, Salzburg

Ludwig, Paula
1900 in Altenstadt (Österreich) geboren, starb 1974 in Darmstadt.
Lyrikerin. Emigrierte 1934.
Viele Engel stehen um mich her: S. 70. In: Gedichte. Gesamt-
ausgabe © 1986 Langewiesche Brandt, Ebenhausen bei Mün-
chen

Mayröcker, Friederike
1924 in Wien geboren, wo sie lebt. Lyrikerin, Erzählerin.
In Schwarz: S. 69. In: Blaue Erleuchtungen. Erste Gedichte
© 1973 Verlag Eremiten-Presse, Düsseldorf

Molzahn, Ilse
1895 in Kawalewo bei Posen geboren, starb 1981 in Berlin. Erzäh-
lerin.
Der Cherub: S. 62. In: Dieses Herz will ich verspielen. Heiden-
heim 1977

Morgenstern, Christian
1871 in München geboren, starb 1914 in Meran. Lyriker, Über-
setzer.
Scholastikerproblem: S. 107. In: Alle Galgenlieder. Berlin 1932

Müller, Heiner
1929 in Eppendorf (Sachsen) geboren, starb 1995 in Berlin.
Stückeschreiber.

Der glücklose Engel: S. 148; Ich bin der Engel der Verzweiflung: S. 152. In: Werke Bd. I, Die Gedichte © 1998 Suhrkamp Verlag, Frankfurt a. M.

Nöstlinger, Christine
1936 in Wien geboren, lebt dort und auf dem Lande. Bekannt als Kinderbuchautorin.
Abendgebet: S. 38. In: Christine Nöstlinger und Jutta Bauer, Ein und alles © 1992 Beltz Verlag, Weinheim und Basel

Nossack, Hans Erich
1901 in Hamburg geboren, wo er 1977 starb. Romancier, Essayist.
Der Widersacher: S. 32. In: Gedichte. Hamburg 1947 © Suhrkamp Verlag, Frankfurt a. M.

Nick, Dagmar
1926 in Breslau geboren, lebt in München. Lyrikerin.
Exodus: S. 42. In: Zeugnis und Zeichen © 1969 Delp'sche Verlagsbuchhandlung, München; Übergang: S. 124. In: Gezählte Tage © 1986 Horst Heiderhoff Verlag, Waldbrunn

Pech, Kristian
1946 in Frankenthal (Lausitz) geboren, lebt in Cottbus. Erzähler, Lyriker.
Bericht über Engel: S. 98. In: Abschweifungen über Bäume © 1976 Hinstorff Verlag, Rostock

Penzoldt, Ernst
1892 in Erlangen geboren, starb 1955 in München. Erzähler, Lyriker.
Dir stehen alle Dinge offen: S. 27; Der Engel: S. 65; Der Engel ging: S. 83. In: Gesammelte Schriften in 7 Bänden. Bd. 4 Gedichte © 1992 Suhrkamp Verlag, Frankfurt a. M.

Petri, Walther
1940 in Leipzig geboren, lebt in Berlin. Erzähler, Grafiker, Lyriker.

Gut, daß es keine Engel gibt: S. 80. In: Das Geschmeide des Harlekins. Berlin 1974 © beim Autor

Pietraß, Richard
1946 in Lichtenstein (Sachsen) geboren, lebt in Berlin. Lektor, Lyriker.
Mein Engel: S. 29. In: Letzte Gestalt © 1994 Verlag Ulrich Keicher, Warmbronn; Küste: S. 133. In: Notausgang. Gedichte © 1980 Aufbau- Verlag, Berlin und Weimar

Raeber, Kuno
1922 in Klingnau (Kanton Aargau) geboren, starb 1992 in Basel. Theologe, Erzähler, Lyriker.
Engel im Regen: S. 127. In: Flußufer. Hamburg 1963 © Felicitas Graf, Dornach

Rilke, Rainer Maria
1875 in Prag geboren, starb 1926 in Val Mont (Schweiz). Lyriker, Erzähler, Essayist.
Ich ließ meinen Engel lange nicht los: S. 28. In: Frühe Gedichte. Leipzig 1920

Rosenlöcher, Thomas
1947 in Dresden geboren, wo er lebt. Lyriker.
Rettender Engel: S. 99; Der künstlerische Engel: S. 109. In: Ich sitze in Sachsen und schau in den Schnee. Suhrkamp Verlag, Frankfurt a. M. © beim Autor

Rüthel, Else
1899 in Köln geboren, starb 1938 in Brünn. Schauspielerin, Lyrikerin. Emigrierte 1933.
Kleines Liebeslied: S. 77. In: Wie bunt entfaltet sich mein Anderssein. Hg. v. Anna Rheinsberg © 1993 persona verlag, Mannheim

Runge, Doris
1943 in Carlow (Mecklenburg) geboren, lebt in Cismar (Holstein). Lyrikerin.

fliegen: S. 78. In: jagdlied © 1985 Deutsche Verlags-Anstalt GmbH, Stuttgart

Sachs, Nelly
1891 in Berlin geboren, starb 1970 in Stockholm. Selma Lagerlöf verhalf ihr 1940 zur Flucht. Lyrikerin.
Chor der Wolken: S. 61. In: Fahrt ins Staublose © 1961 Suhrkamp Verlag, Frankfurt a. M.

Schaefer, Oda
1900 in Berlin geboren, starb 1988 in München. Erzählerin, Lyrikerin.
Schwarzer Engel: S. 50. In: Irdisches Geleit. München 1946 © Dr. Eberhard Horst, Gröbenzell

Scheerbart, Paul
1863 in Danzig geboren, starb 1915 in Berlin. Erzähler, Lyriker.
Der lachende Engel: S. 108. In: Gesammelte Werke, Bd. 9, Gedichte, Zeichnungen, theoretische Schriften 1. Bellheim, 1994

Schickele, René
1883 in Oberehnheim (Elsaß) geboren, starb 1940 in Vence bei Nizza. Emigrierte 1933. Romancier, Essayist.
Ode an die Engel: S. 15. In: Mein Herz mein Land. Leipzig 1915

Schmidt, Kathrin
1958 in Gotha geboren, lebt in Berlin. Lyrikerin.
Tapetenfabrik: S. 21. In: Ein Engel fliegt durch die Tapetenfabrik. Berlin 1987

Schutting, Julian (früher: Jutta)
1937 in Amstetten (Österreich) geboren, lebt in Wien. Erzähler, Lyriker.
Ach, du mein Engelsangesicht: S. 81. In: Liebesgedichte © 1982 Residenz Verlag, Salzburg und Wien

Spohn, Jürgen
1934 in Leipzig geboren, lebte in Berlin und starb dort 1992. Grafiker, Lyriker, Kinderbuchautor.
Flugsicherung: S. 106. In: Drunter und drüber. Verse zum Vorsagen Nachsagen Weitersagen. München 1980 © Barbara Spohn, Berlin

Teschke, Holger
1958 in Sassnitz geboren, lebt in Berlin. Dramaturg, Lyriker.
Jüdischer Engel: S. 143. In: Jasmunder Felder Windschlucht New York © 1991 AufbauVerlag, Berlin und Weimar

Theobaldy, Jürgen
1944 in Straßburg geboren, lebt in Bern. Lyriker.
Zerzauste Feder: S. 41. Aus: In den Aufwind © 1990 Friedenauer Presse, Berlin

Törne, Volker von
1934 in Quedlinburg geboren, starb 1980 in Münster. Lyriker.
Anrufung meines Engels: S. 90. In: Im Lande Vogelfrei. Gesammelte Gedichte © 1981 Verlag Klaus Wagenbach, Berlin

Tragelehn, B.K.
1936 in Dresden geboren, lebt in Berlin. Theaterregisseur, Lyriker.
Schinkendank: S. 105. In: NÖSPL. Gedichte 1956–1991 © 1992 Stroemfeld/Roter Stern, Frankfurt

Usinger, Fritz
1895 in Friedberg geboren, wo er 1981 starb. Essayist, Lyriker.
Der Engel: S. 145. In: Der Stern Vergeblichkeit, Fritz-Usinger-Werke Bd. 5 Friedberger Ausgabe © 1986 Waldkircher Verlag, Waldkirch

Viertel, Berthold
1885 in Wien geboren, wo er 1953 starb. Emigrierte 1938. Filmregisseur, Dramatiker, Lyriker.
Die entgleitende Gelegenheit: S. 87; Mit Engelszungen: S. 155.
In: Dichtungen und Dokumente. München 1956 © Peter Viertel, Klosters

Wiemer, Rudolf Otto
1905 in Friedrichsroda geboren, starb 1992 in Göttingen. Erzähler, Lyriker.
Es müssen nicht Männer mit Flügeln sein: S. 23. In: Der Augenblick ist noch nicht vorüber. Stuttgart 2001 © Rudolf Otto Wiemer Erben, Hildesheim

Wirz, Mario
1956 in Marburg/Lahn geboren, lebt in Berlin. Lyriker, Erzähler.
Hunger: S. 88; Meine Engel: S. 93. In: Das Herz dieser Stunde © 1997 Aufbau Verlag GmbH, Berlin

Wohmann, Gabriele
1932 in Darmstadt geboren, lebt dort. Erzählerin, Lyrikerin.
Wie es früher war: S. 14. In: Erzählen Sie mir was vom Jenseits © 1994 Matthias-Grünewald-Verlag, Mainz